DESCRIPTION

DE LA FONTAINE

DE VAUCLUSE.

Se trouve à PARIS,

Chez De La Tynna, Libraire, rue J. J. Rousseau, n.° 20.

Thomas del. Sculp.

Vue de la Fontaine et du Chateau de Vauclise .

DESCRIPTION

DE LA FONTAINE

DE VAUCLUSE.

PAR J. GUÉRIN ;

Docteur en Médecine de la Faculté de Montpellier, Médecin en chef de l'Hôpital civil et militaire d'Avignon, Professeur de Médecine et de Botanique, Secrétaire de la Société de Médecine et de l'Athénée de Vaucluse, Professeur des Sciences Physiques au Lycée Impérial d'Avignon, Membre de plusieurs Sociétés savantes nationales et étrangères.

SECONDE ÉDITION.

À AVIGNON,

Chez F. SEGUIN aîné, Imprim.-Libraire, rue Bouquerie, n.° 7.

1813.

PRÉFACE.

VAUCLUSE intéresse également le Littérateur, le Physicien, le Naturaliste, et tous les hommes sensibles. Son vallon pittoresque, l'abondance de ses eaux, le souvenir de PÉTRARQUE et de LAURE ont rendu ce lieu si célèbre, que les voyageurs de toutes les nations s'y rendent avec empressement, le parcourent avec enthousiasme, et ne s'en éloignent qu'à regret.

Il nous manquoit une histoire de cette Source ; si l'on trouve ma Description insuffisante, j'ose croire qu'on ne me contestera pas l'exactitude des faits qu'elle renferme.

Mon Ouvrage peut se diviser en deux parties, l'une descriptive, l'autre physique.

Dans la première, je parle de la Source et du pays qu'elle arrose ; je cite ensuite quelques passages des Poëtes qui ont chanté les bords de la Sorgue.

J'ai cru que la charmante Idylle de Mad. Verdier, et la Description de M. Barthe, pouvoient trouver une place à côté des beaux Vers de l'Abbé Delille, et de l'Épître sentimentale de Mad. Déshoulières. J'indique la grotte où Pétrarque aimoit à *s'entretenir avec les Muses*, et les jardins *dont les Nymphes de la Sorgue lui disputoient la possession.* Je réunis dans un chapitre ce que ce grand homme a écrit de plus remarquable relativement à sa retraite, en le faisant presque toujours parler lui-même.

Après avoir cité des fragmens de sa prose, je transcris plusieurs passages de ses poésies latines, et quelques Sonnets italiens toujours relatifs à Vaucluse. J'appelle enfin l'attention des Savans sur des traces non équivoques d'antiquité, et sur un aqueduc, construit par les Romains, qui se prolongeoit probablement jusqu'à Arles.

La température des eaux, leur analise chimique, leur quantité en différentes saisons, des recherches sur leur origine, des observations sur les montagnes et les minéraux de Vaucluse, un catalogue assez étendu des plantes qu'on y trouve, une notice sur les mollusques et les poissons qui y ont été observés, le précis des observations météorologiques faites sous ce climat, la hauteur des principaux lieux des environs, forment la partie physique de mon Ouvrage.

On trouvera dans cette seconde édition,

beaucoup de changemens et d'additions importantes. Le nom de Pétrarque étant inséparable de celui de *Vaucluse*, je devois parler de cet homme extraordinaire ; mais je ne l'ai point suivi hors de sa retraite, et je ne suis point entré dans les détails historiques de sa vie si généralement connue : j'ai passé sous silence l'analise de ses Ouvrages, pour m'occuper plus particulièrement de la Description de Vaucluse.

À SON ALTESSE SÉRÉNISSIME
MADAME LA DUCHESSE DOUAIRIÈRE
DE SAXE-GOTHA-ALTEMBOURG,
PRINCESSE DE SAXE-COBOURG-MEININGEN.

MADAME LA DUCHESSE,

Votre amour pour les Sciences que vous protégez et que vous cultivez avec autant de profondeur que de modestie, Votre enthousiasme pour un site délicieux qui *(s'il m'est permis d'emprunter vos expressions)* rappelle des souvenirs si intéressans pour l'esprit et pour le cœur, *m'engagent à dédier à*

*

VOTRE ALTESSE SÉRÉNISSIME *une foible production que je n'aurois point eu la témérité de faire paroître sous vos auspices, si je n'avois associé l'illustre nom de* SAXE-GOTHA-ALTEMBOURG *à celui de* VAUCLUSE.

Je suis avec le plus profond respect,

MADAME LA DUCHESSE,

DE VOTRE ALTESSE SÉRÉNISSIME,

Le très-humble, très-obéissant,
et très-respectueux serviteur,
J. GUÉRIN.

Avignon, 2 *Mai* 1813.

DESCRIPTION
DE LA FONTAINE
DE VAUCLUSE;

SUIVIE

D'UN PRÉCIS SUR L'HISTOIRE NATURELLE DE CETTE SOURCE.

CHAPITRE PREMIER.

Voyage d'Avignon à Vaucluse.

DEUX routes conduisent d'Avignon à Vaucluse ; la plus courte est celle qui traverse le village de Morières ; le voyageur qui veut jouir d'un tableau magnifique, doit préférer celle-ci. On peut passer au retour par Caumont, lorsqu'il n'a pas regné de longues pluies, pour voir la Chartreuse de Bon-pas, et le nouveau Pont construit sur la Durance.

En sortant d'Avignon la vue se repose sur des prairies délicieuses; après une demi-heure de marche, on traverse une plaine presque nue, remplie de cailloux, et entrecoupée de vignobles. En approchant de Morières, la nature s'embellit encore; on monte ensuite un côteau par une pente assez douce; les vignes et les oliviers bordent un chemin pierreux.

Si l'on regarde derrière soi, on voit à ses pieds le village qu'on vient de traverser, et Avignon dans le lointain; on distingue son immense Palais, ses églises, son ancien Pont, ses nombreuses tours; un peu plus loin les collines du Languedoc qui se prolongent en amphithéâtre, le vieux fort Saint-André, les Bénédictins de Villeneuve. On voit le Rhône depuis Roquemaure, où l'on conjecture qu'Annibal l'a traversé, jusqu'au dessous de sa jonction avec la Durance : l'œil suit le cours de cette dernière rivière, depuis Bonpas, jusqu'après Avignon où elle se jette dans le Rhône.

Bientôt on découvre, à l'est, la chaîne du Mont-Ventoux, celle de Vaucluse et du Leberon. En descendant le revers de la colline, on passe à côté du village de Gadagne ; on parcourt une plaine bien cultivée, et l'on arrive dans une ville charmante, nommée l'*Isle* sans doute, parce qu'elle est entourée des eaux de la Sorgue. La nature y paroît quelquefois embellie par l'art, mais elle y est toujours animée et riante.

Il faut quatre heures pour se rendre d'Avignon à l'Isle ; une heure et demie suffit pour aller de l'Isle à Vaucluse. On fait les deux tiers de cette dernière route dans une plaine terminée par des collines et des rochers arides, aux pieds desquels est située la Fontaine, ou plutôt la source, dont il est difficile d'avoir une idée exacte avant d'y être parvenu. L'imagination du voyageur le transporte de conjectures en conjectures, mais il ne peut se représenter ce site pittoresque et sauvage.

CHAPITRE II.

Description de la source de Vaucluse et du vallon qu'elle arrose.

Les tableaux les plus variés se succèdent continuellement à une petite distance de Vaucluse, et forment, pour ainsi dire, l'avant-scène d'un des plus beaux théâtres de la nature. On voit des collines couvertes d'arbres et de gazon, et la Sorgue rapide qui en réfléchit les teintes. Ici, sa limpidité est parfaite, c'est un mobile cristal ; là elle se réduit en une écume azurée. Les eaux qui se brisent avec fracas, les échos qui répètent et prolongent le bruit sourd d'une papeterie, la vue des rochers qui semblent se perdre dans les nues, font une impression singulière et profonde sur l'observateur étonné.

En approchant du village on ne peut se lasser de jeter les yeux sur le bord de la Sorgue : on y voit les arbres penchés sur ses eaux, les arbustes autour desquels elles se jouent, les petites isles qu'elles entourent, les prairies émaillées qu'elles n'abandonnent qu'à regret. Tout invite, ici, à la réflexion; jamais les ravages occasionés par les crues de la rivière n'attristent ce charmant paysage ; jamais le sable ou l'argile ne troublent les eaux de la Sorgue (1). Ce tableau est toujours le même, car la nature, satisfaite de son ouvrage, paroît s'être arrêtée dans les premiers efforts qu'elle a faits pour le varier et l'embellir. La masse énorme des rochers arides qu'on a devant les yeux, leurs flancs escarpés, leur élévation, un double rang de crevasses ou plutôt d'antres qui ne sont

(1) Après les grandes pluies, lorsque la crue de la source se fait avec rapidité, la limpidité des eaux est légèrement altérée ; l'écume qui est ordinairement d'un blanc de neige, nuancé d'une teinte d'un bleu de ciel, prend un aspect olivâtre. Mais malgré ce changement de couleur, il ne se forme point de dépôt sensible.

accessibles qu'aux oiseaux de proie, offrent le plus singulier contraste avec le site riant dont je viens de donner une idée.

Ici s'enflamme l'imagination de l'amant et du poëte; le peintre prépare ses couleurs ; le naturaliste examine des végétaux plus intéressans pour lui parce qu'il les trouve à Vaucluse; il parcourt les prairies, les collines et les rochers, s'enfonce dans les grottes, revient au bord de la Sorgue, s'y repose, et ne quitte qu'à regret ces bords enchanteurs.

Que je plains celui qui ne sent rien à Vaucluse, que son cœur doit être froid et son âme peu expansive ! O vous qui respirez avec indifférence l'air de ce vallon ; vous que l'amour et le génie n'embrasèrent jamais ; vous qui n'êtes pas émus par les souvenirs de Leucate et de Meillerie, et qui voyez froidement les objets qui frappent vos regards ; vous enfin pour qui le souvenir de Laure n'est pas au moins un rêve enchanteur ! ne profanez pas le sanctuaire de la nature ; éloignez-vous de l'asile de Pétrarque ; craignez d'outrager le philosophe, le poëte, et l'amant, ou plutôt, la raison, les muses, et l'amour.

Le village de Vaucluse est bâti sur une élévation, formée par un rocher presque nu, dont la

Sorgue arrose le pied. Il est aussi triste dans sa partie la plus élevée, qu'il est riant au bord de la rivière; on diroit même que les végétaux ont abandonné les hauteurs pour se disputer les rives de la Sorgue.

Du village à la *source* on remonte la rivière par un sentier étroit et sinueux, plus ou moins élevé au-dessus de son niveau. On voit le fond de son lit à travers ses eaux rapides et transparentes. Les *épis d'eau* rubanés, les *sium* à large feuille, les *fontinales* d'un vert obscur, l'embellissent par leur verdure ondoyante. Dans quelques endroits où la chute et la vîtesse du courant empêchent de distinguer les plantes aquatiques, on croiroit que la Sorgue ne roule que sur des émeraudes.

Plus on approche de la source, plus la rivière, resserrée dans un lit inégal, devient rapide et bruyante. Ses eaux, qui n'offroient près du village que la pureté du cristal, se brisent ici contre des rochers qu'elles couvrent d'un torrent d'écume. On voit à côté du sentier qui conduit au bassin, plusieurs sources plus ou moins abondantes, dont les eaux se confondent presque en naissant avec celles de la Sorgue (1). On arrive enfin à

(1) Entre le village et la source, la Sor-

l'extrêmité d'un vallon étroit, terminé par une montage taillée à pic, au pied de laquelle s'enfonce une vaste caverne (1); ce vallon est entouré lui-même d'une enceinte demi-circulaire de rochers inaccessibles sur la

gue, quoique très-rapide, a 10 ou 12 toises de largeur, et cinq ou six pieds de profondeur. On peut juger par là de l'étonnante quantité d'eau que fournit cette fontaine, à laquelle Pline donnoit avec raison l'épithète de *nobilis*.

(1) La hauteur du rocher taillé à pic est de 116 toises sur le niveau de la source, et la source est élevée de 56 toises sur le niveau de la mer. On trouve sur cette hauteur les ruines d'une chapelle que S. Véran avoit érigée à S. Victor. On y voyoit, il n'y a pas un demi-siècle, des tronçons de colonne d'une assez belle pierre.

droite, et très-escarpés sur la gauche. Il paroît d'abord impossible de sortir de cette espèce de gorge, à moins de retourner sur ses pas : aussi lui a-t-on donné le nom de Vaucluse (*Vallis clausa*). Les cascades bruyantes, les blocs énormes qui semblent suspendus, et dont les débris ont roulé jusque dans le lit de la Sorgue, les aiguilles pyramidales et élancées, les espèces de tours qui s'élèvent çà et là, le château ruiné des anciens Seigneurs de Vaucluse, situé sur une crête en apparence inaccessible ; plus loin, une enceinte de rochers caverneux, forment un tableau des plus singuliers et des plus sauvages.

La source principale sort de l'antre creusé par la nature, au pied du rocher taillé à pic qui termine le côté oriental de la vallée. Pour se former une idée exacte de cette Fontaine singulière, il faut la voir à l'époque où les eaux sont hautes, et à celle où elles sont basses.

Lorsque la Fontaine est basse, les eaux sont renfermées dans le bassin qui occupe tout l'intérieur de l'antre; alors on observe une voûte naturelle dont on n'auroit pas soupçonné l'existence, si l'on n'avoit vu la source que dans sa plus grande hauteur. Le bassin en entonnoir que surmonte cette voûte, paroît plus où moins profond, selon que la source est plus ou moins basse. La surface du réservoir est de sept à huit toises de diamètre dans sa hauteur moyenne ; alors la Fontaine de Vaucluse intéresse moins le voyageur, puisque les eaux qui empêchent de parvenir sous l'antre, ne sont point assez hautes pour se briser en cascades.

Dans cet état de la source, l'eau s'échappe, du fond de son réservoir, par des ouvertures souterraines : mais après de grandes pluies, ces ouvertures sont insuffisantes, l'eau surmonte la chaussée, et forme, en sortant du bassin, une superbe chute, dont les flots d'écume dérobent les sources inférieures aux regards de l'observateur.

Aux époques des basses eaux, on peut parvenir dans la partie inférieure de ce réservoir, en descendant avec précaution sur des roches mouvantes : de là, atteindre des arètes solides, mais toujours glissantes à cause de leur humidité, et entrer dans une grotte latérale, où l'on trouve quelques cristaux de *spath calcaire*, et des *stalactites tubéreuses* de la même nature (1). Les

---

(1) L'an 1683, le 22 mars, les eaux de Vaucluse s'abaissèrent à une grande profondeur. Le Vice-Légat Nicolini voulant transmettre à la postérité cet abaissement remar-

rochers qu'on voit à fleur d'eau, lorsque la source est très-basse,

---

quable, fit graver deux inscriptions : l'une, dans le fond du bassin au niveau de l'eau (qui n'avoit alors que trois toises quatre pieds et demi de diamètre à sa surface), est celle-ci :

M. DC. LXXXIII. DIE XXIII. MART.
ABBATE NICOLINO, PRO-LEGAT. AVEN.
QUATUOR PALMIS INFERIUS DESCENDIT.

Le procès-verbal des mesures qui furent prises à cette époque, nous apprend que la sonde s'arrêta à 6 toises 4 pieds et demi au-dessous de cette inscription ; mais il est probable que la profondeur du bassin est beaucoup plus grande, et que l'obliquité de ses bords, empêche la sonde de parvenir au fond. On trouva que la différence du niveau des surfaces de l'eau entre sa plus grande hauteur et son plus grand abaissement, étoit de 66 pieds. C'est ce que nous apprend l'autre inscription gravée dans le rocher, sur la gauche du bassin.

sont teints par une substance végétale, rougeâtre, qui ressem-

---

HUC SUPER INGENTEM SOLITUS FONS CRESCERE CONCHAM,
OCTAGINTA OCTO PALMOS DECRESCERE VISUS.
XXIII MART. ANN. M. DC. LXXXIII.
FRANCISCUS NICOLINUS AVEN. CUI CURA GUBERNI EST,
DECREMENTUM INTUS FUTURA IN SECLA NOTAVIT.

« Dans l'espèce de puits que forme la réduction extrême de la Fontaine, dit M. Arnavon, ancien curé de Vaucluse, on avoit établi un échafaudage à fleur d'eau, pour graver sur le fond de l'antre ce décroissement extraordinaire. Les poutres qu'on avoit fixées en travers sont restées; dans la suite, et à diverses époques, on les a aperçues, mais toujours en dessous de l'eau, et à quelque distance de la superficie. »

ble à du sang, et qui répand dans ce souterrain une légère odeur de violette (1).

On remarque, en face de l'antre, une espèce de chaussée, d'abord unie et où il ne croît qu'un gazon clair, entrecoupée un peu au-dessous de rochers qui forment une espèce d'amphithéâtre étroit et inégal, dont la chaussée est le plus haut gradin. Lorsque les blocs qui remplissent le lit de la Sorgue naissante jusqu'à une distance de trois ou quatre cents pieds de sa source, ne sont pas cachés

(1) Ce végétal est le *Byssus jolithus* de Linné.

par l'écume, la mousse épaisse et noirâtre qui les couvre imite les franges d'un vaste tapis; les *guèdes* et les *seneçons* d'un jaune d'or, les *valérianes* et les *épilobes* d'un rouge de laque, entrecoupent çà et là une verdure rembrunie. Ces roches mousseuses présentent des formes très-variées ; celles-ci imitent des tables et des siéges rustiques ; celles-là, soutenues par d'autres rochers, forment de petites grottes d'où il sort quelquefois un ruisseau limpide.

Lorsque les eaux approchent de leur plus grande hauteur, ce qui arrive à l'époque de la fonte des neiges, ou après les grandes pluies, elles remplissent l'intérieur de l'antre dont nous venons de parler, s'échappent par-dessus la chaussée, atteignent quelquefois au figuier qui a pris naissance dans une fente du rocher, et bientôt ce cristal, si paisible au sortir de sa source, se brise, se réduit en écume azurée, dont le bruit rauque et monotone, le seul qui frappe les oreilles, semble forcer le spectateur au recueillement. On reconnoîtroit à peine le vallon silencieux qu'on n'auroit vu qu'après la canicule, époque où il y règne un calme profond. Mais après les longues pluies tous les rochers semblent se fondre en eau ; des blocs énormes disparoissent sous des torrens d'écume, la lumière se réfléchit et se réfracte sous les teintes les plus agréables, dans le même lieu qui n'offroit que des roches arides et rembrunies. C'est surtout au soleil couchant que les couleurs de l'iris embellissent cette scène admirable, et que ce brillant météore en augmente encore la majesté.

On peut appliquer à Vaucluse ce que Rousseau dit au sujet de Meillerie. « Ce lieu solitaire » forme un réduit sauvage et » désert, mais plein de ces sor- » tes de beautés qui ne plaisent » qu'aux âmes sensibles, et pa-

» roissent horribles aux autres...
» En comparant un si doux sé-
» jour aux objets qui l'environ-
» nent, il sembloit que ce lieu
» dût être l'asile de deux amans
» échappés seuls au boulever-
» sement de la nature. »

Kirbach Del. et Sculp.

Vuë de la Fontaine de Vaucluse.

Colonne érigée à Pétrarque sur le bord du bassin de la Fontaine.

Je dois rendre justice au bon goût du plus grand nombre de mes collègues académiques, qui s'opposèrent à la construction d'une colonne au fond d'une étroite vallée dominée par des rochers élevés. Il ne leur fut point difficile de prévoir le mauvais et ridicule effet qui devoit en résulter, et de partager d'avance l'impression que ce monument fait sur l'esprit de tous les voyageurs. Mais, *les meilleurs conseils sont-ils toujours suivis ?*... Malgré nos représentations, et quoique une Commission composée de MM. Piot, Thomas, mon Père et moi eût observé que le monument ne pouvoit être mieux situé qu'à l'entrée du vallon vis-à-vis l'ancien jardin de Pétrarque, ou dans ce jardin même, on éleva, à grands frais, une colonne qui partout ailleurs eût été vue avec plaisir, puisqu'elle étoit dans les proportions de la fameuse colonne Trajane. Un cénotaphe entouré de cyprès et d'autres arbres toujours verts, mariés avec des saules pleureurs, au milieu d'un bosquet où le bon goût eût fait disparoître l'art ; un simple cippe sous une touffe de peupliers à l'extrêmité d'une prairie entre les rochers et la Sorgue, mouillé d'un ruisseau qui, se repliant plusieurs fois sur lui-même, eût semblé ne quitter qu'à regret ce lieu mélancolique, n'eussent pas été, du moins j'aime à le croire, un sujet continuel de critique, et eussent remplacé avec avantage un monument mal situé, et qui par sa position semble avoir été érigé aux nymphes de VAUCLUSE plutôt qu'à *Pétrarque*.

CHAPITRE III.

Passages de différens auteurs relatifs à la Fontaine de Vaucluse.

Description de Vaucluse, par M. l'abbé de Sades.

On lira sans doute avec intérêt la description que M. de Sades, savant auteur des *Mémoires pour la vie de Pétrarque*, nous a laissée de cette Fontaine. Je relèverai dans mes notes quelques erreurs de physique, qui déparent une description d'ailleurs très-exacte.

« VAUCLUSE, dit-il, est un de ces lieux où il semble que la nature aime à se montrer sous une forme singulière. Dans cette belle plaine de l'Isle, qui ressemble à la vallée de Tempé, du côté du levant, on trouve un petit vallon terminé par un demi-cercle de rochers d'une élévation prodigieuse qu'on diroit avoir été taillés perpendiculairement. »

» Le vallon est renfermé de tout côté par des rochers qui forment une espèce de fer à cheval, de façon qu'il n'est pas possible d'aller au-delà : c'est ce qui lui a fait donner le nom de Vaucluse, *Vallis clausa*. Il est partagé par une rivière entourée de prairies toujours vertes. » (1)

» A la rive droite du fleuve, on trouve un chemin qui mène, en tournant un peu, au fond de ce demi-cercle ou fer à cheval. Là, au pied d'une masse énorme de rochers qui menacent le ciel, et qu'on voit en face, est un antre assez vaste, creusé des mains de la nature, où l'on peut entrer quand la Fontaine est basse, et dont l'obscurité a quelque chose d'effrayant. C'est une double caverne dont l'extérieur a plus de 60 pieds de hau-

(1) Après avoir fait cent pas dans le vallon étroit que l'on remonte pour aller à la source, on ne voit plus de prairies.

teur sous l'arc qui en forme l'entrée. L'intérieur n'en a pas tout-à-fait la moitié ; elle paroît avoir 100 pieds de large et environ autant de profondeur. »

» On trouve, vers le milieu de cet antre, un bassin ovale en forme de puits, dont le grand diamètre est de 18 toises. De-là s'élève, sans jets ni bouillon, cette source abondante qui forme la Sorgue. On prétend qu'on a sondé plusieurs fois le bassin, et qu'on n'a jamais pu en trouver le fond. Cela ne viendroit-il pas de ce que l'eau s'élevant avec force du fond à la superficie, repousse le plomb de la sonde et la corde auquel il est attaché ?

Cependant on ne voit qu'une nappe d'eau tranquille et sans agitation. »

» La superficie de cette eau paroît noire; trois choses y contribuent : la profondeur du gouffre, la couleur de la voûte qui le couvre, et l'obscurité de l'antre. Dans le fond rien de plus clair, de plus pur, de plus limpide que cette eau : elle ne teint pas les rochers entre lesquels elle passe, et n'y produit ni mousse ni rouille. Mais qui le croiroit? cette eau si belle à l'œil n'est pas bonne à boire; elle est crue, pesante, indigeste (1); en revanche elle est

---

(1) Une eau crue, pesante, indigeste,

excellente pour la tannerie et les teintures : elle fait croître une herbe qui a la vertu d'engraisser les bœufs et d'échauffer les poules. Pline le naturaliste et Strabon en parlent. »

» Dans l'état ordinaire de cette Fontaine, l'eau passe, par des conduits souterrains, de son bassin dans le lit où elle commence son cours : mais dans le temps

---

ne convient point aux teinturiers : on sait qu'ils préfèrent la plus pure. L'eau de Vaucluse n'est ni pesante, ni indigeste ; sa fraîcheur incommode quelquefois les voyageurs altérés et échauffés par la marche, qui en boivent une trop grande quantité sans précaution. Les légumes s'y cuisent parfaitement, et on verra, d'après son analise chimique, qu'elle réunit tous les avantages des eaux de la meilleure qualité.

de sa crue, qui arrive dans l'équinoxe du printemps, et quel-uefois après de grandes pluies, lle s'élève au-dessus d'une espèce e mole qui est devant l'antre, l'où elle se précipite avec un bruit épouvantable de rochers en rochers, jusqu'à ce qu'étant rrivée à un endroit plus uni et plus profond, elle coule tranquillement et forme une rivière nommée Sorgue, capable de porter bateau à sa source, chose ingulière et unique. Elle se par-age en plusieurs bras, qui, près avoir arrosé une partie du Comtat, et reçu quelques ruis-eaux, vont se jeter dans le Rhône près d'Avignon. »

» Pendant les sécheresses de l'été, le bassin se rétrécit au point qu'il n'a quelquefois plus qu'une toise de diamètre (1) ; on descend alors aisément jusqu'au bord de l'eau. Ce qu'il y a de singulier, c'est que malgré cette grande diminution de la principale source, la rivière ne décroît que d'un quart tout au plus. » (2)

---

(1) M. de Sades pèche contre son exactitude ordinaire, en disant que le bassin n'a quelquefois qu'une toise de diamètre à la surface de l'eau. Les plus anciens habitans de Vaucluse n'ont jamais vu cette surface moindre de 4 toises.

(2) Les variations du *minimum* au *maximum* des eaux de la Sorgue, sont d'environ trois pieds sous le pont de Vaucluse. Dans les hautes eaux leur vîtesse est plus qu

» Du pied de ces rochers qui forment le demi-cercle et viennent aboutir à l'antre, partent de tout côté mille bouillons d'eau, qui tombent en cascade dans le canal, et fournissent toujours à peu près la même quantité d'eau. »

» On a observé que lorsque le bassin de la principale source est plein jusqu'au rez de chaus-

---

doublée ; le calcul m'a donné dans le même temps un volume d'eau trois fois plus considérable que celui qui s'échappe lorsque la source est basse.

Cette variation est moins sensible à Vaucluse, où la pente de la Sorgue est très-grande ; mais on en juge beaucoup mieux dans la plaine, où cette rivière a moins de rapidité.

sée ; les corps légers qu'on y jette disparoissent dans un instant (1). On croyoit qu'ils alloient au fond, et cela passoit pour un mystère; mais on a remarqué qu'en jetant une pierre dans le bassin, du côté où le rocher est coupé perpendiculairement, elle paroît d'abord re-

(1) J'ai souvent jeté des substances légères dans le bassin, et jamais je ne les ai vues disparoître. M. de Sades a été trompé, s'il a fait mention de ce phénomène d'après un récit étranger, ou il a jeté lui-même dans cette Fontaine des corps dont la pesanteur spécifique étoit plus grande que celle de l'eau. J'assure que les substances qui ne surnagent point dans la source de Vaucluse, ne surnageroient pas dans la rivière qui en sort.

venir vers l'endroit d'où on l'a jetée (1), ce qui donne lieu de croire que l'eau, s'élevant à gros bouillons, et trouvant des ouvertures à travers les roches, s'échappe et entraîne avec elle les matières qu'on y jette. » (2)

(1) Ce phénomène, attribué par l'auteur de cette description à la force attractive des courans inférieurs, n'est dû qu'à la réfraction de l'eau, aux ondulations de sa surface, et quelquefois à l'inégalité et au peu d'épaisseur des corps qu'on y jette.

(2) Si l'eau s'élevoit à gros bouillons, elle communiqueroit quelque mouvement à la surface du bassin; mais cette surface est parfaitement calme : les crues même de la Fontaine s'opèrent avec lenteur, sans produire la moindre agitation apparente.

Description de Vaucluse, par M. Dusaulx.

« Vaucluse est un de ces prodiges auxquels l'art descriptif ne sauroit atteindre. On entre d'abord dans une gorge de montagnes, ou plutôt de rochers taillés bizarrement. Après avoir fait quelques pas sur les bords de la rivière limpide et fleurie, qui prend sa source à deux ou trois cents pas, et qu'on appelle Sorgue, on aperçoit un pauvre village composé de quinze ou vingt maisons. Il est situé au pied d'un rocher qui soutient les débris d'un petit château, que la tradition populaire fait passer pour la demeure de Pétrarque. Elle dit même que le château de Laure était dans les montagnes voisines, et que les deux amans s'entretenoient par signaux. On prend au-dessus du village la gauche, par un sentier pierreux, qui est frayé entre les rochers et la cascade. On s'avance en tournant, et l'on admire, des deux côtés, un nombre infini de tuyaux naturels qui fournissent assez d'eau pour avoir contraint de bâtir un pont à trois cents pas. On croit voir, non pas la seule fontaine de Vaucluse, mais vingt fontaines, dont chacune mérite d'avoir sa nymphe particulière. On redouble sa marche, et tout-àcoup s'offre l'image de l'Averne. Un rocher large , et qui s'élève à plus de cent pieds, est le sublime portique de cette source merveilleuse. Quand les eaux sont hautes , il n'est pas possible d'approcher aussi près que nous l'avons fait mon ami et moi. Mais si nous avons été privés d'un spectacle brillant, du moins avons-nous joui d'un genre de beauté imposant et terrible. Au pied de ce rocher, qui ressemble assez à un portail gothique, sont plusieurs voûtes concentriques. Le véritable gouffre est dans l'endroit le plus bas. La limpidité de l'eau laisse entrevoir des sinuosités encore plus profondes. Nous étions situés, pour considérer l'abîme, à la tête du lit de rochers. Conçoit-on que de ce point il y a plus de cent pieds de profondeur, et que, pour que la cascade ait lieu, il faut que le torrent s'élève à plus de cent cinquante! Quand on a la face tournée vers la Fontaine, on lit à gauche une inscription gravée sur le roc, qui explique la crue et la diminution des eaux. Ce gouffre, dont on n'a jamais pu constater la profondeur, est certainement ce qu'il y a de plus curieux. Mais je ne veux point oublier l'arrangement des rochers. Il semble que la nature, sensible à la beauté de son ouvrage, se soit épuisée à le décorer. Des pyramides, des obélisques, tout ce que l'architecture offre de plus rare se trouve placé dans un ordre sublime, et dans une gradation qui ménage le plus de surprises. Il faudroit passer huit jours dans cette *grotte* (1), pour en rendre compte d'une manière satisfaisante. Mon ami lui-même, qui n'est pas un voyageur actif, fut tellement saisi d'admiration, que, dans son enthousiasme, il me proposa de gravir le sommet des montagnes qui nous environ-

(1) L'auteur de la description écrit *dans cette grotte*, mais je crois qu'il a voulu dire dans cette vallée.

noient. Il oublie que la montagne est presque à pic, et que du sommet jusqu'au fond du gouffre, il n'y a qu'un sentier, large de deux pieds, ou rien ne pourroit nous retenir si le pied nous manquoit. Le voilà qui gravit; je le suis. Au bout de dix minutes, je tourne la tête, il me semble que je suis au milieu d'un entonnoir dont l'abîme est le centre. En effet, les cailloux qui fuyoient sous nos pas alloient tout droit s'y précipiter. Sur-le-champ je me retourne tout doucement, je m'assieds, et me laisse glisser jusqu'à mon salutaire sentier que j'arrosai de ma sueur. Mon ami fit encore de grands efforts pour s'élever plus haut ; mais enfin il comprit que la mobilité de ce plan incliné ne lui permettroit jamais d'arriver à son but. Il fallut descendre : sans cela, j'aurois eu peut-être le désespoir de le voir tomber dans cet horrible gouffre, ainsi que certaines pierres que nous y lançâmes, et que nous apercevions encore pirouetter après quelques minutes. »

Épître sur Vaucluse, par M.me Deshoulières.

Quand vous me pressez de chanter
Pour une fontaine fameuse,
us avez oublié que je suis paresseuse ;
'un simple madrigal pourroit m'épouvanter ;
Qu'entre une santé languissante,
d'illustres amis par le sort outragés,
Mes soins sont toujours partagés.
r plus d'une raison, devenez moins pressante.
phné, vous ne savez à quoi vous m'engagez.
ut-être croyez-vous que toujours insensible,
Je décrirai dans mes vers,
tre de hauts rochers dont l'aspect est terrible,
s près toujours fleuris, des arbres toujours verts ;
Une source orgueilleuse et pure,
Dont l'eau, sur cent rochers divers,
D'une mousse verte couverts,
S'épanche, bouillonne, murmure ;
es agneaux bondissans sur la tendre verdure,
de leurs conducteurs les rustiques concerts.
e ce fameux désert la beauté surprenante,
ue la nature seule a pris soin de former,

Amusoit autrefois mon âme indifférente.
Combien de fois, hélas ! m'a-t-elle su charmer !
Cet heureux temps n'est plus : languissante, attendrie
Je regarde indifféremment
Les plus brillantes eaux, la plus verte prairie ;
Et du soin de ma bergerie
Je ne fais même plus mon divertissement.
Je passe tout le jour dans une rêverie,
Qu'on dit qui m'empoisonnera.
A tout autre plaisir mon esprit se refuse ;
Et si vous me forcez à parler de Vaucluse,
Mon cœur tout seul en parlera.

Je laisserai conter de sa source inconnue
Ce qu'elle a de prodigieux,
Sa fuite, son retour, et la vaste étendue
Qu'arrose son cours furieux.
Je suivrai le penchant de mon âme enflammée :
Je ne vous ferai voir dans ces aimables lieux
Que Laure tendrement aimée,
Et Pétrarque victorieux.

Aussi-bien de Vaucluse ils font encor la gloire ;
Le temps qui détruit tout respecte leurs plaisirs :

s ruisseaux, les rochers, les oiseaux, les zéphyrs,
Font tous les jours leur tendre histoire.
ui, cette vive source, en roulant sur ces bords,
mble nous raconter les tourmens, les transports
ue Pétrarque sentoit pour la divine Laure.
exprima si bien sa peine, son ardeur,
Que Laure, malgré sa rigueur,
L'écouta, plaignit sa langueur,
Et fit peut-être plus encore.

ans cet antre profond, où, sans autres témoins
Que la Naïade et le Zéphyre,
Laure sut, par de tendres soins,
e l'amoureux Pétrarque adoucir le martyre:
ans cet antre, où l'amour tant de fois fut vainqueur,
Quelque fierté dont on se pique,
On sent élever dans son cœur
e trouble dangereux par qui l'amour s'explique,
Quand il alarme la pudeur.

e n'est pas seulement dans cet antre écarté
u'il reste de leurs feux une marque immortelle:
e fertile vallon dont on a tant vanté
La solitude et la beauté,

Voit mille fois le jour, dans la saison nouvelle,
Les rossignols, les serins, les pinsons,
Répéter sous son vert ombrage
Je ne sais quel doux badinage
Dont ces heureux amans leur donnoient des leçon

Leurs noms sur ces rochers peuvent encor se
L'un avec l'autre est confondu;
Et l'âme à peine peut suffire
Aux tendres mouvemens que leur mélange ins
Quel charme est ici répandu?
A nous faire imiter ces amans tout conspire.
Par les soins de l'Amour leurs soupirs conser
Enflamment l'air qu'on y respire;
Et les cœurs qui se sont sauvés
De son impitoyable empire,
A ces déserts sont réservés.

Tout ce qu'a de charmant leur beauté naturelle
Ne peut m'occuper un moment.
Les restes précieux d'une flamme si belle,
Font de mon jeune cœur le seul amusement.
Ah! qu'il m'entretient tendrement
Du bonheur de la belle Laure!

Et qu'à parler sincèrement,
l seroit doux d'aimer, si l'on trouvoit encore
In cœur comme le cœur de son illustre amant !

Vers de M. l'Abbé Delille.

uel cœur sans être ému trouveroit Aréthuse,
lphée, ou le Lignon : toi surtout, toi, Vaucluse,
aucluse, heureux séjour, que sans enchantement
e peut voir nul poëte, et surtout nul amant ?
ans ce cercle de monts, qui, recourbant leur chaîne,
ourrissent de leurs eaux ta source souterraine,
ous la roche voûtée, antre mystérieux,
ù ta nymphe, échappant aux regards curieux,
ans un gouffre sans fond cache sa source obscure,
ombien j'aimois à voir ton eau qui, toujours pure,
antôt dans son bassin renferme ses trésors,
antôt en bouillonnant s'élève, et de ses bords
ersant parmi des rocs ses vagues blanchissantes,
e cascade en cascade au loin rejaillissantes,
ombe et roule à grand bruit ; puis, calmant son courroux,
ur un lit plus égal répand des flots plus doux,
t sous un ciel d'azur, coule, arrose et féconde
e plus riant vallon qu'éclaire l'œil du monde !

Mais ces eaux, ce beau ciel, ce vallon enchanteur
Moins que Pétrarque et Laure intéressoient mon cœur
La voilà donc, disois-je, oui, voilà cette rive
Que Pétrarque charmoit de sa lyre plaintive !
Ici Pétrarque à Laure exprimant son amour,
Voyoit naître trop tard, mourir trop tôt le jour;
Retrouverai-je encor sur ces rocs solitaires
De leurs chiffres unis les tendres caractères ?
Une grotte écartée avoit frappé mes yeux :
Grotte sombre, dis-moi, si tu les vis heureux,
M'écriois-je ! Un vieux tronc bordoit-il le rivage
Laure avoit reposé sous son antique ombrage.
Je redemandois Laure à l'écho du vallon,
Et l'écho n'avoit point oublié ce doux nom.
Partout mes yeux cherchoient, voyoient Pétrarque et Laure
Et par eux ces beaux lieux s'embellissoient encore (1)

Jardins. *Chant III*.

---

(1) En parlant de cette description de M. Delille, l'Auteur des *Lettres sur l'Italie* dit :
« Je n'ai trouvé dans les vers, ni tant d'écume,
» ni tant de fracas, ni tant de murmures que
» m'en a offert la Fontaine. On n'y voit pas non

» plus ces rocs si noirs, qui forment un con» traste admirable avec la neige des flots qui s'y » brisent : enfin le poëte n'y a pas déployé ce » brillant tapis d'émeraude où la naïade se re» pose.... Avant que de partir, j'ai voulu savoir » si, comme l'assure l'Abbé Delille, l'*Echo* » *n'avoit pas oublié le nom de Laure :* n'en dé» plaise au poëte, l'ingrat en a oublié la moitié. »

Idylle de Madame Verdier.

Ce n'est point seulement sur des rives fertiles
Que la nature plaît à notre œil enchanté;
Dans les climats les plus stériles,
Elle nous force encor d'admirer sa beauté.
Tempé nous attendrit, Vaucluse nous étonne;
Vaucluse, horrible asile, où Flore ni Pomone
N'ont jamais prodigué leurs touchantes faveurs,
Où jamais de ses dons la terre ne couronne
L'espérance des laboureurs.
Ici, de toutes parts, elle n'offre à la vue
Que les monts escarpés qui bordent ses déserts,
Et qui, se cachant dans la nue,
Les séparent de l'univers.
Sous la voûte d'un roc dont la masse tranquille
Oppose à l'aquilon un rempart immobile,
Dans un majestueux repos,
Habite de ces bords la naïade sauvage;
Son front n'est point orné de flexibles roseaux,
Et la pureté de ses eaux
Est le seul ornement qui pare son rivage.
J'ai vu ses flots tumultueux,

S'échapper de son urne en torrens écumeux :
J'ai vu ses ondes jaillissantes
S'élançant à grand bruit sur des rochers affreux,
Précipiter leur cours vers des plaines riantes
Qu'un ciel plus favorable éclaire de ses feux.
L'Écho gémit au loin ; Philomèle craintive
Fuit, et n'ose sur cette rive
Faire entendre ses doux accens ;
L'oiseau seul de Pallas, dans ces cavernes sombres,
Confond pendant les nuits avec l'horreur des ombres
L'horreur de ses lugubres chants.
Déesse de ces bords, ma timide ignorance
N'ose lever sur vous des regards indiscrets.
Je ne veux point sonder les abîmes secrets
Où de l'astre du jour vous fuyez la puissance,
Lorsque sa brûlante influence
Dessèche votre lit ainsi que nos guérêts ;
Je ne demande point par quel heureux mystère,
Chaque printemps vous voit plus belle que jamais,
Tandis qu'au départ de Cérès,
Vous nous offrez à peine une onde salutaire.
Expliquez-moi plutôt quels nouveaux sentimens
Ont calmé l'horreur de mes sens.
Quoi ! ces tristes déserts, ces arides montagnes,

L'aspect affreux de ces campagnes,
Devroient-ils m'inspirer de si doux mouvemens?
Ah ! sans doute l'amour y fait briller encore
Un rayon de ce feu que ressentit pour Laure
Le plus fidèle des amans.
Pétrarque auprès de vous soupira son martyre;
Pétrarque y chantoit sur sa lyre
Sa flamme et ses tendres souhaits :
Et pendant que les cris d'une amante trahie,
Ou la voix de la perfidie,
Fatiguent nos côteaux, remplissent nos forêts,
Du sein de vos grottes profondes,
L'écho ne répondit jamais
Qu'aux accens d'un amour aussi pur que vos ondes.
Trop heureux les amans l'un de l'autre enchantés,
Qui sur ces rochers écartés
Feroient revivre encor cette tendresse extrême,
Et dans une paisible ardeur,
Oubliés des humains qu'ils oublîroient de même,
Suffiroient seuls à leur bonheur !
Mais hélas ! il n'est plus de chaînes aussi belles;
Pétrarque dans sa tombe enferma les amours.
Nymphes qui répétiez ses chansons immortelles,
Vous voyez tous les ans la saison des beaux jours

Vous porter des ondes nouvelles ;
Les siècles ont fini leurs cours,
t n'ont point ramené des cœurs aussi fidèles.
h ! conservez du moins les sacrés monumens
Qu'il a laissés sur vos rivages,
s chiffres, de ses feux respectables garans,
s murs qu'il habitoit, ces murs sur qui le temps
N'osa consommer ses outrages :
rtout que vos déserts témoins de ses transports
recèlent jamais l'audace ou l'imposture ;
si quelque infidèle ose souiller ces bords,
e votre seul aspect confonde le parjure,
Et fasse naître ses remords.

Description de Vaucluse, par M. Barthe.

. . . .

Ainsi sous le soleil de l'heureuse Provence,
Lieux que je ne vois plus, lieux chers à mon enfance,
Pétrarque sut aimer. Laure en ce beau séjour,
Dans l'âge où le bonheur n'est jamais que l'amour,
Triompha des désirs qu'en son cœur il fit naître,
Et de ceux d'un amant plus dangereux peut-être.
Ses vers l'ont dit au moins : croyons à sa rigueur,

L'amour qu'elle inspira fut sa seule faveur.
Oui, d'heureux souvenirs son image parée,
Suivoit, charmoit Pétrarque, et cette ombre adorée
D'un magique univers entouroit son amant.
Dans le parfum des fleurs qu'avec lui mollement
Fouloit sous l'oranger le pied léger de Laure,
C'étoit son souffle pur qu'il respiroit encore.
Près des eaux de Vaucluse elle aimoit à s'asseoir;
Dans les eaux de Vaucluse il croyoit la revoir.
Il croyoit quitter Laure en quittant la Fontaine.
Quelquefois appuyé sur le tronc d'un vieux chêne,
Ou du bois ténébreux parcourant les détours,
Il rêvoit, triste, seul : mais plus belle toujours,
Laure absente peuploit le solitaire ombrage,
Laure en un lieu riant changeoit un lieu sauvage;
Et la nuit, que de fois l'œil fixé sur les cieux,
Tranquille, contemplant tous ces points radieux,
Ces mondes étoilés dont leur voûte se dore,
Il vouloit les chanter, il ne chantoit que Laure,
Et les vers accouroient plus prompts à la nommer.
Vingt ans il fut heureux du seul bonheur d'aimer.
O Fontaine sacrée ! immortelle retraite,
Que vient chercher de loin l'amant et le poëte,
Vaucluse ! que sans peine ils ne peuvent quitter,

oi, toi qu'avec transport je courus visiter,
eune encore à côté d'une première amante.
uatre siècles ont fui : mais ton onde écumante,
t ces mille torrens, dont les flots vagabonds
oulent de roche en roche et retombent par bonds,
:ces beaux cieux, ces près dont une eau calme et pure
a réfléchir plus loin l'éternelle verdure,
tous ces monts jetés et courbés sur tes bords,
s antres toujours pleins d'harmonieux accords,
frent au souvenir ces deux ombres fidèles,
l'amoureux penser vient errer autour d'elles.
ıx nymphes du vallon, aux bergers d'alentour,
s flots, en murmurant, parlent encor d'amour :
st-là qu'on aime encor, par un charme invincible,
qu'on gémit au moins de n'être plus sensible.

Ces vers peignent mieux la nature de l'amour de Pétrarque que tous ceux qui ont été écrits sur le même sujet. Mais Pétrarque ne vit jamais Laure à Vaucluse.

Fragmens du Voyage fait, en 1740, en Languedoc et en Provence, par M. Lefranc de Pompignan.

« Vaucluse est un de ces lieux uniques, où la nature a voulu se singulariser. Il paroît avoir été fait exprès pour la muse de Pétrarque. Ce fameux vallon est terminé par un demi-cercle de rochers d'une prodigieuse élévation, et qu'on diroit avoir été taillés perpendiculairement. Au pied de cette masse énorme de pierres, sous une voûte naturelle, que son obscurité rend effrayante à la vue, sort d'un gouffre dont on n'a jamais trouvé le fond, la rivière appelée la Sorgue. Un amas considérable de rochers forme une chaussée au-devant, mais à plusieurs toises de distance de cette source profonde. L'eau passe ordinairement par des conduits souterrains, du bassin de la Fontaine, dans le lit où elle commence son cours; mais, dans le temps de sa crue, qui arrive, nous dit-on, aux deux équinoxes; elle s'élève impétueusement au-dessus d'une espèce de mole, dont un voyageur géomètre auroit mesuré la hauteur.

Là, parmi des rocs entassés,
Couverts d'une mousse verdâtre,
S'élancent des flots courroucés,
D'une écume blanche et bleuâtre.
La chûte et le mugissement

De ces ondes précipitées,
Des mers par l'orage irritées
Imitent le frémissement.
Mais bientôt, moins tumultueuse,
Et s'adoucissant à nos yeux,
Cette Fontaine merveilleuse
N'est plus un torrent furieux.
Le long des campagnes fleuries,
Sur le sable et sur les cailloux,
Elle caresse les prairies
Avec un murmure plus doux.
Alors elle souffre sans peine
Que mille différens canaux
Divisent, au loin, dans la plaine,
Le trésor fécond de ses eaux.
Son onde toujours épurée,
Arrosant la terre altérée,
Va fertiliser les sillons
De la plus riante contrée
Que le dieu brillant des saisons,
Du haut de la voûte azurée,
Puisse échauffer de ses rayons.

« . . . . . . Notre voyage dans les plaines du Comtat, ne fut, de notre part, qu'un cri d'admiration. Les canaux tirés de la Sorgue, nous suivoient par tout, et nous répétions continuellement comme en chœur d'opéra:

Lieux tranquilles, ondes chéries,
Nymphe aimable, flots argentés!
Ranimez l'émail des prairies.
Fontaine! vos rives fleuries,
Ces arbres sans cesse humectés,
Séjour des oiseaux enchantés,
Nous rappellent les bergeries,
Lieux autrefois si fréquentés,
Et dont les touchantes beautés
Ne sont plus qu'en nos rêveries. »

CHAPITRE IV.

Description des anciens jardins de Pétrarque. (1)

JE ne puis décrire les bords de la Sorgue, sans dire un mot des jardins de Pétrarque, et de la grotte où il alloit s'entreteni avec les muses. (2)

(1) Ce que je dis au sujet des jardins Pétrarque, est de la plus grande exactitud J'ai lu avec attention tous les passages cet auteur qui pouvoient m'éclairer s leur topographie.

(2) Pétrarque étoit encore très-jeune lo qu'il vit Vaucluse pour la première fois, qu'il s'écria : « Voici le séjour qui me co » vient le mieux. Je le préfèrerai aux plu

Après avoir traversé la rivière sur le pont de Vaucluse, on passe sous une voûte obscure, taillée dans le roc (1). Elle est la prin-

---

» grandes villes, si je puis jamais disposer
» de mon sort. *Et naturæ meæ locus aptis-*
» *simus, quem si dabitur magnis urbibus*
» *prælaturus sum.* » Cette Fontaine étoit depuis long-temps célèbre par les merveilles de la nature, mais elle l'est encore plus par le séjour de Pétrarque et les vers qu'il y a faits. *Qui per se olim notus*, dit Pétrarque, *meo longo post modum incolatu, meisque carminibus notior.* Il dit encore dans ses Epîtres en vers latins :

Hoc procul aspexi secreto in littore saxum,
Naufragiis tutumque meis aptumque putavi;
Huc modo vela dedi : nunc montibus abditus istis,
Flens mecum è numero transacti temporis annos, etc.

Epist. VII. Lib. I.

(1) Cette voûte est le commencement d'un ancien aqueduc dont je parlerai dans la suite de cet Ouvrage.

cipale entrée du village, au-delà de laquelle on trouve à gauche un jardin et une petite prairie dont M. Alibert est le possesseur; on voit contre le rocher un bâtiment qui appartient au même propriétaire : un côté de ce rocher s'élève sur la prairie, et l'autre domine la Sorgue. On a profité d'une petite grotte naturelle pour en faire un cellier. J'avois cru d'abord qu'elle étoit cet asile inaccessible aux rayons du soleil, dont parle Pétrarque; mais des recherches faites depuis que j'ai publié la première édition de cet ouvrage, m'ont fait découvrir une seconde grotte dans le voisinage de celle-ci, beaucoup plus grande et plus profonde, d'environ six toises de longueur sur trois de largeur. Elle se rétrécit dans le fond, son ouverture est au nord, et les rayons du soleil ne peuvent y pénétrer. Le propriétaire, qui l'a fermée par un petit mur et une porte, se fait un plaisir de la montrer aux curieux. Il est très-probable que cette grotte est celle dont Pétrarque parle toujours avec enthousiasme.

On voit dans le jardin de M. Alibert quelques lauriers qui, d'après le témoignage des vieillards du pays, ont succédé à des arbres plus anciens encore, que le Poëte y avoit peut-être plantés.

Ce lieu pittoresque est conn
des habitans de Vaucluse, sou
le nom de *jardin de Pétrarqu*
La tradition populaire se trouv
confirmée par la descriptio
qu'on lit dans les ouvrages d
philosophe.

Combien cette solitude devoi
avoir d'attraits pour un cœu
sensible, lorsqu'elle étoit om
bragée par des arbres touffus
que des ponts rustiques s'él
voient sur des eaux bouillonnan
tes et limpides, que mille rui
seaux, après s'être brisés sur u
sol inégal, fuyoient sous l
arbres ou glissoient sur le gazo
Ici l'on voyoit des arbres to
jours verts, et des grottes tap

sées par les fougères et les mousses brillantes de rosée ; là des rochers pyramidaux noircis par les tremelles et les lichens, renversés par la main du temps, ou brisés par la foudre; l'on apercevoit, à travers le mobile feuillage, sur des hauteurs escarpées, des antres et des crevasses, retraites des oiseaux de proie. Qu'on se représente un site qui renfermoit, dans un espace très-étroit, ce que les Alpes offrent de plus sauvage, et une fertile vallée de plus gracieux, l'on aura une idée des anciens jardins de Pétrarque, et l'on ne sera plus étonné qu'un lieu aussi aride aujourd'hui fût jadis la retraite qu'un sage préféroit aux palais des grands et au tumulte des Cours. Figurons-nous, dans ce lieu pittoresque, au pied d'un vieux arbre couvert de lierre, dans l'enfoncement d'une grotte, ou sur un banc de rocher, l'oracle du XIV.ᵉ siècle, le restaurateur des lettres, l'immortel créateur de la poésie italienne, et nous serons convaincus que la sagesse de Pétrarque ne consistoit pas en de vaines déclamations.

Il nous est donc permis de regarder Vaucluse, comme un asile aussi célèbre par le souvenir du grand homme qui l'a illustrée, que par l'abondance de es eaux et la singularité de leur ource.

« Ici, nous dit Pétrarque, mon jardin est terminé par une rivière profonde ; là, par une montagne taillée à pic, opposée aux chaleurs du midi, et qui ne cesse jamais de donner de l'ombre au milieu du jour ; le doux zéphir peut pénétrer sans obstacles ; dans l'éloignement, un mur agreste rend cet asile inaccessible aux hommes et aux animaux. » (1)

---

(1) . . . . . *Pars amne profundo*
Cingitur, ad partem præruptis rupibus ambit
Mons gelidus, calidumque jugis obversus ad austrum ;
Hinc medio ruit umbra die, pars nuda tepenti
Porta fovet zephyro ; sed et hinc procul arcet agrestis
Murus, ab accessu prohibens pecudesque virosque.
Lib. III. Epist. III.

« J'ai deux jardins, dit-il ai[illegible] leurs, rien dans le monde n[illegible] leur ressemble. Je leur ai donn[illegible] le nom de Parnasse Transalpin[illegible] L'un est ombragé, propre à l'é[illegible] tude, consacré à Apollon ; il es[illegible] en pente, à la naissance de l[illegible] Sorgue, terminé par des rocher[illegible] inaccessibles. L'autre est plu[illegible] près de ma demeure (1), moin[illegible]

---

(1) La maison de Pétrarque étoit entre l[illegible] village et le château; il n'en reste plus l[illegible] moindre trace. Les habitans de Vaucluse e[illegible] ont emporté toutes les pierres. Elle étoi[illegible] d'abord une simple maison de paysan qu'i[illegible] fit rebâtir quelque temps après pour la ren[illegible] dre plus logeable.

En 1335, le jour de Noël, une bande d[illegible] voleurs qui ravageoit depuis quelque temp[illegible] les environs de Vaucluse, mit le feu à l[illegible]

sauvage, agréable à Bacchus, au milieu d'un fleuve très-rapide, séparé, par un petit pont, d'une grotte voûtée, impénétrable aux rayons du soleil. Je crois bien que cette grotte ressemble à cette pièce où Cicéron alloit quelquefois déclamer ; elle invite à l'étude ; je m'y tiens au

---

maison de Pétrarque après l'avoir pillée ; une voûte arrêta l'incendie. Heureusement le concierge avoit porté au château quelques livres que Pétrarque y avoit laissés.

On croit communément que le château ruiné qu'on voit sur un rocher élevé, est le château de Pétrarque ; on le désigne du moins sous ce nom aux étrangers, mais c'est une erreur : ce château appartenoit aux évêques de Cavaillon, seigneurs de Vaucluse.

milieu du jour. Je me promène le matin dans les collines, le soir dans les prairies, et quelquefois dans le petit jardin près de la Fontaine où l'art surmonte la nature ; il est situé sous un rocher au milieu des eaux ; mais s'il est étroit, l'âme s'y agrandit et s'y élève. »

Sa guerre avec les Naïades de la Sorgue.

« Vous devez avoir entendu parler de ma guerre avec les Nymphes, écrivoit-il à son ami Colonne, dans ses Epîtres en vers latins (1) ; elles règnent au

(1) *Est mihi cum nymphis bellum de finibus ingens*
Auditum fortasse tibi : mons horridus auras
Excipit ac nimbos, et in æthera cornibus exit ;
Ima tenent fontes ; nympharum nobile regnum

pied de ces rochers circulaires qui se perdent dans les nues. C'est là que les eaux de la Sorgue, aussi transparentes que le cristal, roulent dans un lit d'émeraudes. Là, je cultive un petit champ stérile et pierreux que j'ai destiné aux Muses, mais les Nymphes jalouses leur en disputent la possession; elles détruisent le printemps mes travaux de l'été. J'avois conquis sur elles une petite prairie; je n'en jouis pas long-temps, et au retour d'un

---

Sorgia surgit ibi, querulis placidissimus undis,
Et gelidâ prædulcis aquâ; spectabile monstrum
Alveus, ut virides vitreo tegit amne smaragdos.
Hic mihi saxosæ rigidis telluris agellus
Contigit; hinc lites, hinc semina prima duelli.
Namque ego, etc.

Epist. 1, Lib. 12.

voyage en Italie les eaux m'a
voient tout emporté..... Alors,
loin de me décourager, je ras
semble les laboureurs, les pê
cheurs et les bergers; nous rou
lons des rochers énormes, nou
élevons un fort contre les Nym
phes, nous dressons un autel
aux Muses; on voit bientôt l'Hé
licon, le Parnasse, l'Hippocrène,
et nous plantons la forêt de
poëtes..... » Il écrivoit l'anné
suivante : « L'expérience m
prouve qu'il est impossible d
vaincre les élémens; je ne dis
pute plus à la Sorgue une parti
de son lit, ses Nymphes ont en
core remporté la victoire. Il y
aux pieds du rocher un peti

angle où j'ai rétabli les Muses, cet asile leur suffit ; il est bien défendu, car il faudra que les Nymphes renversent la montagne si elles veulent encore les chasser. » (1)

(1) *Epist. I. et IV. Lib. III.*

CHAPITRE V.

Passages relatifs à Vaucluse, choisis dans les ouvrages de Pétrarque.

PÉTRARQUE ne pouvait se lasser de faire l'éloge de sa solitude; il n'en oublioit jamais les douceurs. Il écrivoit à un de ses amis : « Ces vers que Virgile met dans la bouche des heureux habitans de l'Élysée,

Nulli certa domus ; lucis habitamus opacis,
Riparumque toros et prata recentia rivis
Incolimus.... (1)

(1) Nous n'avons point de demeures fixes, nous habitons les bois touffus, nous nous

peuvent s'appliquer aux bords rians de la Sorgue, où il y a des ruisseaux limpides, des demeures ombragées et des lits de gazon. Malheureusement ces choses sont insuffisantes. Le vulgaire croit que les philosophes et les poëtes peuvent se passer de tout; quelle erreur! En méprisant la volupté, les sages ont des besoins indispensables communs aux autres hommes. Il ne suffit pas, dit Aristote, d'étudier la nature, il faut de la santé et de l'aisance; la triste pauvreté ne peut chan-

---

reposons sur le bord des rivières et dans les prairies dont les ruisseaux entretiennent continuellement la fraîcheur.

Virg. Æn. L. VI.

ter dans l'asile des Muses.... »

« Vaucluse, pour revenir au sujet de ma lettre, peut avoir des charmes lorsqu'on est ennuyé du séjour de la ville, comme je le fus autrefois ; mais cet asile ne pourroit suffire à tout, on y manqueroit même du nécessaire. Le sage ne doit pas considérer seulement la longueur de la route, mais le but qu'il se propose d'atteindre. Il doit éviter ce reproche de Sénèque : *Tous pensent*, dit-il, *à certains intervalles de la vie, et personne ne la considère en entier.* »

« Vaucluse est une vallée délicieuse, surtout en été. Si jamais retraite m'a été agréable, c'est celle-ci : je l'ai prouvé par un séjour de dix ans ; et, s'il m'est permis d'épancher librement mon cœur dans le vôtre, je vous dirai que j'y ai goûté les plaisirs purs dont on jouit dans les montagnes, les forêts, et au bord des fontaines. »

« (1) Quel lieu jusqu'à présent, je ne dis pas plus célèbre, mais plus connu par mon séjour ? J'oserois même assurer que mon nom l'illustre autant que sa source merveilleuse. J'ai tou-

---

(1) *Quid usque nunc loco illi non dicam clarius, sed certè notius incolatu meo accidit : opinari ausim, apud multos, non minus illum meo nomine, quam suo, miro licet fonte, cognosci.*

jours aimé cette retraite si favorable à mes travaux : elle m'a fait oublier le fracas des villes; j'y ai trouvé le repos des champs. J'ai fait mes efforts pour l'illustrer par mes ouvrages et mes vers, qui dureront peut-être autant que ses rochers. Je le dis avec plaisir, j'y ai écrit mon Afrique avec tant d'ardeur et de facilité, qu'il ne me reste plus qu'à retoucher ce poëme. J'y ai également écrit mes lettres sur différens sujets, et j'ai achevé mes Bucoliques en si peu de jours, que vous en seriez étonné. Je n'ai trouvé nulle part autant de repos ni d'encouragemens aussi vifs pour réunir en un corps d'ouvrage les hommes illustres de toutes les nations et de tous les siècles. Cette retraite m'a inspiré des réflexions sur la vie solitaire et le repos des cloîtres, dont j'ai fait l'éloge dans deux Traités particuliers. C'est enfin sous les ombrages de cette solitude, que j'ai cherché à éteindre le feu dévorant qui consumoit ma jeunesse; je m'y retirois comme dans un asile inviolable (1) : imprudent, ce remède aggravoit mes souffrances. Ne

(1) *Juvenilem æstum, qui me multos annos torruit (ut nosti), sperans illis umbraculis lenire, eò jam inde ab adolescentia sæpe confugere, velut in arcem munitissimam, solebam.*

trouvant personne dans une si profonde solitude pour arrêter les progrès du mal, j'y souffrois davantage. C'est alors que le feu de mon cœur s'échappant au dehors, je fis retentir ces vallées de mes tristes accens qui, d'après quelques Lecteurs, ont une douce mélodie. C'est encore à Vaucluse que j'écrivois ces chants vulgaires, production de ma jeunesse, dont je rougis à présent, mais qui sont lus avec plaisir par les amans passionnés. Que dirai-je encore ? si je compare ce que j'ai écrit ailleurs avec mes travaux de Vaucluse, ce lieu l'emporte sur tous les autres ; jugez, d'après cela, combien il doit m'être agréable..... »

« Quelles tristes idées se joignent à ces souvenirs ! j'ai perdu dans le même naufrage tout ce qui charmoit mon existence ! Mon *Laurier*, jadis si vert, a été renversé par l'orage. C'est ce même Laurier qui me faisoit préférer au Tessin, la Sorgue et même la Durance. Aujourd'hui le voile est tombé ; quelle différence de Vaucluse à la patrie des Césars ! La Sorgue a ses agrémens, j'en conviens ; cependant peuvent-ils être mis en parallèle avec ces sources pures, ces fleuves majestueux, ces lacs immenses, et les deux mers qui entourent l'Italie. Je passe sous silence d'autres avantages, tels que l'esprit et les mœurs de se habitans. Mais quelle est la forc de nos premières impressions e l'influence de l'habitude ? Je voi que je me révolte contre la rai son, que je suis dans un âg éloigné des illusions de l'amour et je ne puis cependant quitte cette vallée !... J'allois trop loin je finis ma lettre, car l'impatience de votre messager m'avertit qu'il faut vous dire adieu. » *De Reb. famil. Epist. III. Lib. VIII.*

« N'avez-vous pas, disoit Pétrarque à l'évêque de Cavaillon, la Sorgue, cette reine des sources (j'écris en ce moment au murmure de ses eaux) ; n'avez-vous as dans votre voisinage la charnante retraite de Vaucluse, où ous pourriez vivre avec tant de berté ? Ce nom est celui que lui onnent ses habitans ; il semble nême que la nature voulut qu'on nommât ainsi quand elle l'enura de collines, la cacha pour nsi dire aux étrangers, et ne la connoître qu'aux habitans de désert (1). Ici, ce qui arrive ès-rarement, vous pouvez être

(1) *Adest tibi tuus Sorgia rex fontium, ad jus tibi murmur hæc scribo, adest liberrium gratissimumque perfugium Clausæallis (sic enim vocant incolæ) sic vocari luit natura, quando illam circumductis llibus, abdidit extra omne iter omnemque ncursum, viderique nisi ab incolis non rmisit.*

libre, Seigneur, Evêque et solitaire. Dédaigneriez-vous une
vallée qui inspire le respect et
l'admiration ? *Une grotte*, dit
Sénèque, *située au pied d'un
rocher élevé, creusée par les
mains de la nature, commande
une vénération religieuse*. Quelle
grotte l'emportera sur celle-ci
Nous révérons, continue-t-il, *les
sources des grandes rivières*; en
ce cas, quelle source plus sacré
On connoît de plus grands fle
ves, mais aucune fontaine
peut rivaliser avec Vaucluse.
enfin, comme le dit le mê
auteur, *l'éruption subite d'
source abondante mérite des
tels*, quel lieu plus favora

pour en ériger ? Je prends depuis long-temps le ciel à témoin que si jamais j'en ai les moyens, j'ai le projet de bâtir une chapelle dans mon petit jardin près de la source, situé au pied des rochers, non aux nymphes ni aux divinités des fontaines, mais à la mère du Christ qui a renversé les autels et les temples des faux dieux. »

« N'oubliez pas une solitude connue des étrangers, illustrée par un personnage respectable; une retraite qui a été l'asile de la liberté, du repos, de la science et de la vertu, et qui est si favorable pour vos études. Vous savez que St. Véran, cherchant un lieu de paix, s'est fixé ici, et y a mené une vie simple et solitaire. Il a habité cette vallée avant que ses vertus l'élevassent, malgré lui, au siége épiscopal. Ici, comme dans une terre ennemie qu'il soumit et pacifia sous les enseignes du vrai Dieu, il érigea une église, petite à la vérité, mais décente et illustrée par le nom de la Vierge Marie. C'est lui qui rendit ce mont accessible, perça cette montagne et ce rocher vif, fruit d'un zèle soutenu et d'une longue constance. C'est ici qu'il se contenta d'une cellule et d'un petit jardin sur les bords de la Sorgue; c'est enfin à Vaucluse qu'il voulut que son corps fût transporté après sa mort. » *De Vit. solit. Lib. II. Cap. II, ed. Basil. p.* 287.

« Si vous voulez me voir dans ma solitude, écrivoit-il à Jean Colonne, je vais vous indiquer une route bien douce.... Vous pouvez y venir de Rome sans mettre pied à terre... Faites-vous transporter au bord du Tibre; descendez sur ce fleuve jusqu'à la mer, et, sans sortir de votre bâtiment, côtoyez le rivage sur la droite; traversez le golfe de Toscane, passez devant Marseille, remontez le Rhône, bientôt vous découvrirez Arles, ses marais et ses champs pierreux, ensuite Avignon et son triste rocher....

Environ trois mille pas au-dessus de cette dernière ville, remontez encore la rivière limpide que vous trouverez à votre droite; cette rivière paisible est la Sorgue. Vous verrez enfin sa source merveilleuse au pied d'un rocher qui se perd dans les nues, et vous n'irez pas plus loin, en eussiez-vous même la volonté. Afin que tout vous soit favorable et que vous ayez tout à votre droite, vous me trouverez du même côté en sortant de votre barque. Hors de l'Italie, il est impossible de voir un site plus délicieux que celui de Vaucluse.... Ici, je suis content de mes petits jardins ombragés et de mon étroite maison : rien ne me manque, et je n'attends rien des faveurs de la fortune. Vous verrez un solitaire qui erre dans les prairies, les champs, les forêts, les montagnes, et ne s'arrête que dans les grottes mousseuses ou à l'ombre des arbres. Votre ami déteste les intrigues de la cour, le tumulte des villes, et fuit les palais qu'habitent le faste et l'orgueil. Il voit avec pitié les fausses démarches de la multitude. Egalement éloigné de la joie et de la tristesse, il passe ses jours dans le calme le plus profond, se félicitant d'avoir les Muses pour compagnes, le chant des oiseaux et le murmure des nymphes pour concert.... J'ai un très-petit nombre de domestiques, dit-il ailleurs, mais beaucoup de livres; tantôt vous me trouveriez assis sur les bords de ma rivière, tantôt couché nonchalamment sur le gazon flexible; et ce qui n'est pas sans prix, je puis disposer de toutes mes heures, car il est rare que je voie du monde. J'aime surtout à goûter les douceurs du loisir, à fixer quelquefois mes yeux sur un objet, ou à les parcourir tous sans les arrêter sur aucun. Il n'est pas rare que je m'entretienne avec moi-même et que je me méprise avec les autres. Ma lettre vous évite les embarras du voyage, car vous me voyez en lisant ces lignes. Il est temps de quitter la plume ; je m'aperçois que j'écris une lettre, tandis que je croyois converser avec vous.... »

Pétrarque ne se retira point à Vaucluse, comme on le pense communément, pour se rapprocher d'un *objet adoré* ; mais au contraire pour éviter sa présence, et se livrer tout-à-fait aux Muses. Ne trouvant aucun lieu plus propre à ses études que cet asile solitaire, il y acheta une petite maison avec un petit champ, et s'y établit avec ses livres. Loin de former des conjectures ou de partager l'opinion

d'un grand nombre d'écrivains
entendons-le parler lui-même
« L'image de Laure me pour
suit partout , jusques dans le
bois et les rochers les plus sau
vages. » *Sonnet* 27.

« Trois fois au milieu de l
nuit, je l'ai vue devant moi ave
une contenance assurée , récla
mant son esclave : la peur glaçoi
mes membres, mon sang aban
donnoit mes veines ; je me levoi
tremblant avant l'aurore, et sor
tant bien vîte d'une maison o
tout m'inspiroit de l'effroi ; j
grimpois les rochers, je couroi
dans les bois, regardant de tou
côté si cette image qui étoit ve
nue troubler mon repos, ne m

uivoit pas ; je ne me trouvois ulle part en sûreté. »

« On ne me croira point, mais e que je dis est vrai. Souvent lans les endroits écartés, lorsque je croyois être seul, je la voyois sortir du tronc d'un arbre, lu bassin d'une fontaine, du creux d'un rocher, d'un nuage, e ne sais d'où : la frayeur me rendoit immobile, je ne savois que devenir ni où aller. » *Carmin. Lib. I. Epist.* 7.

« Ici, je fais la guerre à mes sens ; mes yeux qui m'ont entraîné dans toute sorte de précipices, ne voient que le ciel, l'eau et les rochers. La seule femme qui s'offre à mes regards est une servante noire, sèche et brûlée comme les déserts de la Lybie. Mes oreilles ne sont plus flattées par les sons harmonieux des voix et des instrumens qui ravissoient mon âme. Je n'entends ici que des bœufs qui mugissent, des moutons qui bêlent, des oiseaux qui gazouillent et des eaux qui murmurent. Je garde le silence depuis le matin jusqu'au soir, n'ayant personne à qui parler; le peuple occupé à cultiver ses vignes et ses vergers, ou à tendre ses filets, ne connoît pas les charmes de la conversation, ni le doux commerce de la vie. Je me contente quelquefois du pain noir de mon valet, et je le mange avec plaisir. Ce serviteur, qui est un homme de fer, me reproche souvent la vie trop dure que je mène, et m'assure que je ne pourrai la soutenir long-temps. Pour moi, je pense qu'il est plus aisé de s'accoutumer à une nourriture grossière qu'à des mets délicats et recherchés : des figues, des raisins, des noix, des amandes, voilà mes délices : j'aime les poissons dont ce fleuve abonde ; c'est un grand plaisir pour moi de les voir prendre dans les filets qu'on leur tend et que je leur tends moi-même quelquefois. Je ne parle pas de mes habits ; tout est changé : je ne porte plus ceux dont j'aimois autrefois à me parer ; vous me prendriez à présent pour un laboureur ou un berger. »

« Mon logement ressemble à celui de Fabius ou de Caton ; tout mon domestique consiste en un chien et un valet ; ce valet a sa maison qui touche à la mienne : je l'appelle quand il m'est nécessaire, et quand je n'en ai plus besoin, il rentre chez lui. » *Manusc. de la Bibl. imp. Famil. Lib. XXIII. Epist.* 8.

« Dans cet asile, point de citoyen insolent qui nous brave, point de langue mordante qui nous déchire. Ni querelles, ni clameurs, ni procès, ni bruit de guerre : on n'y connoît pas l'avarice, l'ambition, ni l'envie. Il n'y a point de seigneur orgueilleux à qui l'on doive s'adresser en tremblant ; tout y respire la joie, la simplicité, la liberté ; c'est un état moyen entre la pauvreté et les richesses ; je mène une vie douce, modeste et sobre. Le peuple est bon, facile, sans armes ; le seigneur, populaire et affable, aime les honnêtes gens. Ici l'air est sain, les vents tempérés, les sources claires, la rivière poissonneuse. On y trouve des bois épais, des grottes fraîches, des lits de gazon, des prairies émaillées, des collines consacrées à Bacchus et à Minerve. Pour ce qui regarde la vie animale, j'en suis peu occupé ; mais je vous dirai une chose très-vraie, c'est que le gibier et le poisson est à Vaucluse comme dans le Paradis terrestre, pour parler le langage des théologiens, ou comme dans les Champs Elysées, pour parler celui des poëtes. Un homme voluptueux qui voudroit quelque chose de plus recherché, le trouveroit aisément dans le voisinage. » *Manusc. de la Bibl. impér. Lib. XVI. Epist.* 6.

« Votre Cicéron (1) qui a visité ma solitude de Vaucluse, écrivoit

---

(1) Dans ce passage, Pétrarque parle d'un manuscrit de *Cicéron* qui lui avoit été confié.

il encore à un de ses amis, a été étonné de la singularité du local qu'il n'avoit pas vu lorsqu'il fit le voyage de Narbonne. Il est convenu que sa maison d'Arpinum, dont il fait une description si agréable, n'est pas entourée d'eaux plus fraîches et plus limpides que celle de la Sorgue. En vérité cette Fontaine ne le cède ni à la Nymphe de Campanie, ni à l'Aréthuse de Sicile. Elle est éloignée du grand chemin, ce qui fait sans doute que Cicéron ne l'a pas visitée ; il faut aller la chercher à dessein, par curiosité, ou pour y aller goûter les douceurs du repos. Pour moi, quand je suis hors de l'Italie, je ne respire qu'à Vaucluse. » *Famil. Lib. XII. pag.* 8. *Manusc. de la Bibl. impér.*

Passage de l'Épître de Pétrarque à la Postérité.

« Cherchant une retraite qui me servît d'asile, je trouvai, à quinze milles d'Avignon, un vallon très-étroit, mais solitaire et délicieux, que l'on nomme Vaucluse, et au fond duquel naît la Sorgue, la plus célèbre des fontaines. Epris des charmes de ce lieu, je m'y retirai avec mes livres. Mon récit seroit trop long si je racontois tout ce que j'ai fait dans cette solitude, où j'ai passé un grand nombre d'années. J'en donnerai une idée en disant que de tous les ouvrages qui sont sortis de ma plume, il n'en est aucun qui n'y ait été écrit, commencé, ou conçu ; et ces ouvrages sont si nombreux, que dans un âge avancé ils m'occupent et me fatiguent encore. »

Passages des poésies latines de Pétrarque.

Les amateurs de la poésie latine ne liront pas sans intérêt les passages suivans de Pétrarque, écrits vers le milieu du XIV siècle, et relatifs à la Fontaine de Vaucluse. Ils sont tirés de l'édition de *Bâle* 1581, *in-folio*.

Si nihil aut gelidi facies nitidissima fontis,
Aut nemorum convexa cavis arcana latebris
Ac placidis benè nota feris Dryadumque catervis,
Et Faunis accepta domus; nihil ista Poetis
Opportuna sacris sub apricis rupibus antra
Permulcent animum, nec clementissimus aer
Allicit, ac montis præruptus in æthera vertex
Liberiore situ liquidas extentus ad auras,
Collibus aut Bromius frondens, aut sylva Minervæ
Gratior aut Veneri, nec utramque tegentia ripam
Herculeis umbrosa comis, distinctaque subter
Floribus innumeris, et dulce virentibus herbis
Prata trahunt oculos, aut hic qui separat arva,
Atque soporifero clausam qui murmure vallem
Implet inexhausto descendens alveus amne,
Et videt hinc illinc Nympharum mille choreas,
Musarumque audit totidem per littora cantus....

Tom. III. pag. 80. Lib. I. Epist. 4.

Populus est ingens niveo contermina fonti ;
Quæ simul et fluvium, et ripas, et proxima campi
Jugera ramorum densa testudine opacat.
Hic olim multaque loci dulcedine captum,
Et rerum novitate oculos, animumque movente
Aggere florigero magnum posuisse Robertum
Membra diu lassata ferunt, curisque gravatum
Pectus et exigui laudasse silentia ruris.

Pag. 80. Lib. I. Epist. 4.

Exul ab Italia furiis civilibus actus,
Huc subii, partimque volens, partimque coactus.
Hic nemus, hic amnes, hic otia ruris amœni :
Sed fidi comites absunt, vultusque sereni.
Hoc juvat, hoc cruciat : nihil illis dulce remotis.
Gratulor ; at licuisse locis insistere notis !
Hic puer, hic juvenis, hic sit mea serior ætas ;
Nam res, fama, novas properat nisi pandere latas.
Rure tuo statui, quæ restant tempora vitæ,
Degere : nec bellis, nec tristi turbida lite.
Hic patria tellus, præsul venerande Philippe :
Hic mihi mons Helicon, hic sit mihi fons Aganippe.
Hic profugas fessasque dedi requiescere Musas ;
Et tibi nobiscum locus est, nisi fortè recusas.

Pag. 82. Lib. I. Epist. 6.

Hic mihi crede, Pater, tranquillâ in pace manebis ;
Ad tua te revoco ; quod postulat usus, habebis.
Cura supervacui trepidis linquatur avaris ;
Dulce nitens aurum laqueis cor nectit amaris.
Non muros aulæa tegent, sed corpora vestis,
Et cibus altor erit stomachi, non fercula pestis ;

Non thorus ordinibus surget , scandendus eburnis,
Membra sed accipiet rebus quassata diurnis.
Non tibi sollicito splendebit purpura lecto ,
Nec niveus thalamus fulgebit, marmore secto.
Non gemmas ostrumque premes , sed lata virenti
Gramine , sed fluvio circumdata prata recenti.
Videris ipse tamen de te , cui cœlitus almum
Contigit ingenium , fragilem subducere scalmum.

Pag. 82. Lib. I. Epist. 6.

Umbra ex pomiferis veniet gratissima ramis ,
Dum curvos scopulos uncis scrutabimur hamis.
Catera Clausa quidem Vallis prastabit abundè
Persica mala , pyra , mensa decus adde secunda.
Tu , precor , ista tuos jubeas perquirere , nec te
Arma parum valida pigeat conferre senecta.
Hac tibi per sylvas scripsit , dignissime Prasul ,
Ille tuus , Sorga dicam peregrinus , an exul ?

Pag. 82. Lib. I. Epist. 6.

Hic mecum exilio reduces statione repostâ
Pierides habitant ; rarus superadvenit hospes ,
Nec nisi rara nocent noti miracula fontis.
Vix mora nostra quidem , licet annua , bisve semelve
Congregat optatos Clausa sub Valle sodales.

Pag. 83. Lib. I. Epist. 7.

Sapè dies totos agimus per devia soli ,
Inque manu calamus dextrâ est , at carta sinistram
Occupat , et variæ complent pracordia curæ.

Pag. 84. Lib. I. Epist. 7.

Turbida nos urbis species , et dulcis amœni
Ruris amor tulerat nitidos invisere fontes ,

Mirandumque caput Sorgæ, quod vatibus ingens
Calcar et ingenio generosas admovet alas.
Hic ubi te mecum convulsa revolvere saxa
Non puduit, campumque satis laxare malignum,
Vernantem variis videas nunc floribus ortum
Naturâ cedente operi, pars amne profundo
Cingitur, ad partem præruptis rupibus ambit
Mons gelidus, calidumque jugis obversus ad Austrum;
Hinc medio ruit umbra die, pars nuda tepenti
Porta fovet Zephyro; sed et hinc procul arcet agrestis
Murus, ab accessu prohibens pecudesque virosque.
Aerias sed enim ramis viridantibus altè
Littoreas volucres scopulis intexere nidos;
Has musco velare domos, sed frondibus illas,
Progeniemque inopem fidis trepidare sub alis
Aspicias, atque ore cibos captare trementi.
Concava tum querulis complentur vocibus antra,
Et color hinc oculos, illinc sonus advocat aures
Certatim, dulci spectacula plena tumultu
Suspendunt, gratove quies condita labore.
Hic unus cum pace dies exactus Aventi
Vix totus, tot me laqueis, tot curia curis
Implicat, id meritum quin vincula nota libenter,
Infelix, tritâque jugum cervice recepi.
Nunc tamen illius juvat hic meminisse diei.
Dum latices, dum prata vagor, dumque insita miror
Arbuta, dum lauros aliâ regione petitas,
Obvia Gulielmi facies truncisque vadisque;
Inque oculis tu solus eras, hoc aggere fessi
Sedimus, has tacito accubitu compressimus herbas,
Lusimus hic puris subter labentibus undis,

Hic longo exilio sparsas revocare camœnas ,
Hic Graios Latiosque simul conferre Poetas
Dulce fuit , veterumque sacros memorare labores
Nostrorum immemores , hic cœnam in tempora noctis
Traximus , alterno pariter sermone relicti.
Singula dum repeto , lux illa brevissima furtim
Labitur , et Clausâ vix serum Valle revolvor
Faucibus egressus , quum jam sylvestria tempe ,
Umbrososque sinus spectans post terga viderem ,
Lucidus ac mecum ad lævam descenderet amnis ,
Surgit ab adverso vulgus muliebre , virisque
Intermixta acies. . . . .

Pag. 104. Lib. III. Epist. 3.

. . . . *Brevis angulus hæret*
Rupibus , ille quidem Nympharum ab origine sedes ,
Nunc mea , Pieridumque domus satis ampla , quòd hospes
Adveniet rarus , sordent quia carmina vulgo ,
Vitaque nostra furor sub judice facta furenti.
Hanc modo vallamus , quam nulla revellit aqua vis ,
Ni montem oppositum à radicibus eruat imis.
Si tibi cura animum dederit , si curia tempus
Omnia mutato nostrum decus ordine rerum
Me Nymphis , Nymphasque mihi cessisse vicissim ,
Et cecidisse minas , compressaque bella vid bis.
Retia nunc sunt arma mihi et labyrinthus error
Viminea contextus acu , qui pervius undis
Piscibus est carcer , nullâ remeabilis arte ;
Pro gladiis curvos hamos , fallacibus escis
Implicitos , tremulasque sudes , parvumque tridentem
Piscator modò factus ego , quò terga natantum
Sistere jam didici , duroque affigere saxo

Primitias en fluminea transmittimus artis;
Et versus quot Clausa domos habet arctaque Vallis,
Quæ tibi pisciculos et rustica carmina pascit.

Pag. 105. Lib. III. Epist. 3.

Dans un voyage que Pétrarque fit à Vaucluse, il annonça son arrivée à l'évêque de Cavaillon en lui envoyant ces vers :

Valle locus Clausâ toto mihi nullus in orbe,
Gratior et studiis aptior ora meis.
Valle puer Clausâ fueram, juvenemque reversum,
Fovit in aprico Vallis amœna situ.
Valle vir in Clausâ meliores dulciter annos
Exegi et vitæ candida fila meæ.
Valle senex Clausâ, supremum ducere tempus,
In Clausâ cupio, te duce, Valle mori.

Quelques Sonnets de Pétrarque.

Les Poésies italiennes de Pétrarque renferment un très-grand nombre de passages relatifs à Vaucluse et aux bords de la Sorgue ; il seroit trop long d'en faire l'énumération. Comme le Recueil de ces Poésies si célèbres se trouve entre les mains de tous les amateurs de la langue italienne, et qu'il vient d'en paroître en cette ville une nouvelle édition complète et très-correcte (1), j'y renvoie mes lecteurs, et je me contente de transcrire ici les sonnets suivans.

SONETTO 28.

Solo e pensoso i più deserti campi
Vo misurando a passi tardi e lenti;
E gli occhi porto per fuggire intenti
Dove vestigio uman la rena stampi.
Altro schermo non trovo che mi scampi
Dal manifesto accorger delle genti;
Perchè negli atti d'allegrezza spenti

(1) *Le Rime di Francesco Petrarca*, *tratte da' migliori esemplari; nuova edizione, coi ritratti di Fr. Petrarca e di Madonna Laura*, 2 *vol. in*-18. 1812. A Avignon, chez Fr. Seguin aîné, Imprimeur-Libraire.

i fuor si legge com' io dentro avvampi:
Sì ch'io mi credo omai che monti, e piagge,
fiume, e selve sappian di che tempre
a la mia vita; ch' è celata altrui.
Ma pur sì aspre vie, nè sì selvagge
ercar non so, ch' Amor non venga sempre
agionando con meco, ed io con lui.

Sonetto 240.

Quante fiate al mio dolce ricetto
iggendo altrui, e, s' esser può, me stesso,
o con gli occhi bagnando l' erba e'l petto;
ompendo co' sospir l' aere da presso.
Quante fiate sol pien di sospetto
r luoghi ombrosi e foschi mi son messo
rcando col pensier l' alto diletto
e morte ha tolto; ond' io la chiamo spesso:
Or in forma di Ninfa, o d' altra Diva,
e del più chiaro fondo di Sorga esca,
pongasi a seder in su la riva;
Or l' ho veduta su per l' erba fresca
lcare i fior com' una donna viva,
ostrando in vista che di me le 'ncresca.

Sonetto 247.

I' ho pien di sospir quest' aer tutto,
D' aspri colli mirando il dolce piano
Ove nacque colei, ch' avendo in mano
Mio cor in sul fiorire e 'n sul far frutto,
È gita al cielo, ed hammi a tal condutto
Col subito partir, che di lontano
Gli occhi miei stanchi, lei cercando invano,
Presso di se non lascian loco asciutto.
Non è sterpo, nè sasso in questi monti;
Non ramo, o fronda verde in queste piagge;
Non fior in queste valli, o foglia d'erba;
Stilla d'acqua non vien di queste fonti;
Nè fiere han questi boschi sì selvagge;
Che non sappian quant' è mia pena acerba.

Sonetto 260.

Valle, che de' lamenti miei se' piena;
Fiume, che spesso del mio pianger cresci;
Fere silvestri, vaghi augelli, e pesci
Che l'una e l'altra verde riva affrena;
Aria de' miei sospir calda e serena;
Dolce sentier, che sì amaro riesci;
Colle, che mi piacesti, or mi rincresci,

Ov' ancor per usanza Amor mi mena;
Ben riconosco in voi l'usate forme,
Non, lasso, in me; che da sì lieta vita
Son fatto albergo d'infinita doglia.
Quinci vedéa 'l mio bene; e per quest' orme
Torno a veder ond' al ciel nuda è gita
Lasciando in terra la sua bella spoglia.

Sonetto 262.

Amor, che meco al buon tempo ti stavi
Fra queste rive a' pensier nostri amiche;
E per saldar le ragion nostre antiche,
Meco e col fiume ragionando andavi;
Fior, frondi, erbe, ombre, antri, onde, aure soavi,
Valli chiuse, alti colli, e piagge apriche;
Porto dell' amorose mie fatiche,
Delle fortune mie tante, e sì gravi;
O vaghi abitator de' verdi boschi;
O Ninfe, e voi che 'l fresco erboso fondo
Del liquido cristallo alberga e pasce:
I miei dì fur sì chiari; or son sì foschi;
Come morte che 'l fa. Così nel mondo
Sua ventura ha ciascun dal dì che nasce.

CHAPITRE VI.

Antiquités de Vaucluse.

La Sorgue citée par Strabon, et la source de Vaucluse désignée par Pline.

STRABON parle d'une rivière de la Gaule Narbonnaise, nommée Σούλγας, *Soulgas*, Sorgue, qui prenoit sans doute plus bas le nom de *Vindelicus amnis* (1). Baudrand a confondu, dans son Dictionnaire géographique, la Nesque, torrent qui a sa source

(1) *Florus, de Bello Allobrog.*

du côté de Sault, derrière le Montventoux, avec le *Vindelicus amnis*, nom que portoit la Sorgue réunie à l'Ouëse, dans le voisinage de l'ancienne Vindalon, peu éloignée du village qui porte aujourd'hui le nom de Bédarrides (1).

Pline est le seul parmi les anciens naturalistes qui ait parlé

---

(1) Τρίτος (ποταμὸς) δὲ Σούλγας, ὁ κατὰ Οὐίνδαλον πόλιν μισγόμενος τῷ Ῥοδανῷ, ὅπου Γναῖος Αἰνόβαρβος μεγάλῃ μάχῃ πολλὰς ἐτρέψατο Κελτῶν μυριάδας.

La troisième rivière est la Sorgue, qui se jette dans le Rhône près la ville de Vindalon, où Cneius Aenobarbus défit dans une grande bataille plusieurs myriades de Celtes. *Strab. Lib. IV.*

de la source de Vaucluse. Il la désigne sous le nom d'*Orge*, d'*Orige* ou *Sorge*. La rivière qui en sort a été nommée ensuite, *Sulga*, *Sorgia*, et plus récemment Sorgue (1).

In Narbonensi provincia, dit Pline, Liv. 18. Chap. 22, *nobilis fons Orge nomine est : in eo herbæ nascuntur tantùm expetitæ bobus ut mersis capitibus totis eas quærant.* Ce passage ne peut se rapporter qu'à la Fontaine de Vaucluse, car dans la Gaule Narbonnaise dont nous faisions partie, il n'y a aucune source aussi re-

---

(1) Boccace, contemporain de Pétrarque, croyoit que *Sorgia* dérivoit de *surgere*, s'élever, jaillir.

marquable, soit par sa situation, soit par le volume d'eau qu'elle fournit. D'ailleurs le mot *Orge*, *Orige* ou peut-être *Sorge*, se rapproche tant de celui de la rivière qui en sort, nommée *Sorgue*, qu'on est frappé de voir que la dénomination de Pline diffère si peu de celle des modernes. On sait d'ailleurs que les noms propres se sont très-souvent conservés, malgré la corruption des langues et les changemens que les peuples barbares ont dû leur faire éprouver.

En supposant que Vaucluse ne fût point le *nobilis fons Orge* de Pline, où trouverions-nous la source dont a voulu parler ce naturaliste ? Connoissons-nous une Fontaine de la Gaule Narbonnaise qu'on puisse confondre avec elle ? En existe-t-il une seule qu'on puisse lui comparer et qui mérite mieux l'épithète de *nobilis*, soit d'après sa situation, ou d'après la quantité et la pureté de ses eaux ? Y en a-t-il quelque autre dont le nom se rapproche autant du mot *Orge* ou *Sorge* que lui donne Pline ? Sans chercher de nouvelles preuves en faveur de mon opinion, il paroît incontestable que Vaucluse, qui donne naissance à la *Sorgue*, est le *fons Orge* des anciens.

In eo herbæ nascuntur, etc. etc.

Cette phrase n'a rien de caractéristique; plusieurs sources sont remplies de plantes aquatiques; mais la remarque de Pline, à la suite de ce que je viens de dire, change presque ces conjectures en certitude. J'ai vu moi-même des bœufs et des chevaux plonger leur tête dans l'eau (*mersis capitibus totis*), pour manger les plantes qui flottent dans le lit de la Sorgue.

Aqueduc de Vaucluse.

On voit par les traces d'un ancien aqueduc, qui prenoit son origine à l'extrémité de la voûte taillée dans le rocher, sous laquelle on passe pour aller du village à la source de Vaucluse, en suivant la rive gauche de la rivière (cette voûte faisoit elle-même partie de cet aqueduc), on voit, dis-je, que les anciens avoient profité d'une source aussi abondante, aussi fraîche, et aussi limpide que celle de la Sorgue. Les restes de cet utile travail méritent de fixer l'attention d'un observateur éclairé. Après avoir traversé la rivière sur un pont de bois, on voit une voûte creusée dans le rocher vif d'environ 15 toises de longueur, 5 pieds et demi de hauteur, et 7 de largeur : on remarque dans sa partie supérieure une ouverture de 2 pieds de largeur et de 24 de longueur, qui s'élève verticalement, de manière qu'on verroit le ciel de l'intérieur de la voûte, si l'on n'avoit bâti une maison sur le haut de l'ouverture; cette partie de l'aqueduc est très-bien conservée. On voit encore près des cascades le commencement d'un canal pratiqué dans le roc, qui conduisoit l'eau sous la voûte que je viens de décrire; canal qui a été presque entièrement comblé par les rochers qui se détachent de la montagne escarpée sur laquelle est situé l'ancien château de Vaucluse. Avant d'entrer sous la voûte, on laisse à droite la principale rue du village, qui étoit elle-même l'ancien lit du canal; cette rue est formée d'un côté par un rang de maisons, et de l'autre par le rocher taillé à angle droit avec la surface d'un sol très-bien nivellée, et dont la pente est d'environ 40 pouces, sur une longueur de 200 toises. Après être sorti du village, on voit dans le rocher des espèces de sillons, dont la profondeur et la longueur annoncent qu'il a été taillé par des procédés qui paroissent inconnus. On observe encore mieux les sillons sous la voûte dont je viens de parler. L'aqueduc devoit être couvert dans toute sa longueur, comme on peut en juger d'après les parties isolées qui existent encore. On en découvre des traces jusques auprès de la Durance ; on les retrouve de l'autre côté de cette rivière, sur un côteau peu éloigné de la petite ville de Noves.

On voit une partie de cette conduite encore très-bien conservée, à un quart de lieu de Vaucluse, vis-à-vis la papeterie de Jassot. A cette petite distance de la source, l'eau étoit déjà soutenue à une hauteur de plus de trois toises au-dessus du niveau de la rivière. Le diamètre intérieur de ce conduit a six pieds de hauteur sur cinq de large ; sa coupe transversale dans sa partie supérieure a la forme d'un fer à cheval, un peu renflé vers le milieu. Ce canal est appuyé sur la pente septentrionale des collines qui bordent la Sorgue, en suit les contours, et se trouve presque toujours caché dans leurs flancs sans interrompre leur pente naturelle. Il est probable qu'on avoit ainsi disposé cet aqueduc pour maintenir la fraîcheur de ses eaux.

Les détours que fait ce canal dans les environs de Vaucluse, lui donnent au moins une longueur double de celle qu'il auroit eue, si on l'avoit construit en suivant la ligne la plus courte: mais de cette manière il eût été beaucoup plus coûteux, peut-être même moins durable. On peut suivre ce conduit depuis la voûte de Vaucluse jusqu'à la papeterie dont j'ai parlé; on le retrouve à Saint-Nicolas, terroir de Lagnes; sur le chemin du moulin de Lagnes; sur celui de ce même village à l'Isle; dans le quartier de Fours, de la Couronne, et vers Saint-Gervais, terroir de l'Isle, d'où il paroît prendre sa direction du côté de Saint-Rémy.

S'il faut ajouter foi à la tradition populaire, cet aqueduc aboutissoit à Saint-Rémy ou à Arles. On le nomme même à Vaucluse, *canal d'Arles*. Je suis persuadé que des recherches exactes viendroient à l'appui de cette tradition. Mais ce canal passoit-il, comme on le présume, sous le lit de la Durance? Je ne le crois pas. Il étoit élevé probablement au-dessus de la Durance. Peut-être fut-il détruit vers 730, époque où les Français disputèrent aux Sarrasins le passage de cette rivière (1).

---

(1) Lorsque les infidèles, dit Nougier dans son *Histoire de l'Eglise d'Avignon*, imprimée en 1659, voulurent entrer dans les terres de Provence, du côté d'Avignon, la noblesse de la Ville et le peuple tâchèrent de s'opposer à leur passage; ils furent accablés par le nombre des Sarrasins; ce qui fit donner à ce lieu le nom de *Mau-Pas*. Mais la Ville délivrée de la tyrannie de ces barbares, fit élever, en mémoire de la mort glorieuse de ses concitoyens, une Chapelle au

Ne pourroit-on pas présumer que l'ancien pont qui a existé vis-à-vis Bon-Pas, et dont on voit les piles lorsque les eaux sont basses, servoit anciennement de conduite aux eaux de Vaucluse? Peut-être encore ce monument servoit-il de pont et d'aqueduc. Il paroît qu'on a rebâti ce pont

---

lieu où reposoient les os de ces illustres champions de la Foi, avec cette marque de leur magnanimité :

SEPULTURA NOBILIUM AVENIONENSIUM,
QUI OCCUBUERUNT IN BELLO
CONTRA SARRACENOS.

Cette Chapelle fut donnée aux Templiers, et depuis aux Religieux de St. Bruno, par Jean XXII. On y a bâti ensuite une Eglise, et on a changé le nom de *Mau-Pas* en celui de *Bon-Pas*.

vers le dixième siècle ; il existoit encore sous François I. Arles étant une des plus belles villes de la Gaule Narbonnaise, il n'y a rien d'étonnant que les Romains aient construit un aqueduc de neuf ou dix lieues, dont la structure ne présentoit pas de très-grandes difficultés, puisqu'il étoit soutenu sur la pente des côteaux dans une grande partie de sa longueur.

Ce canal se dirige vers Saint-Rémy. Près de cette ville, il devoit dévier un peu vers le S. O., passer près de Notre-Dame de Châteaux (1), ensuite dans le

(1) Je viens d'apprendre de M. Dubié,

oisinage de Saint-Gabriel, et e Fontvieille..... Je présume u'avec un peu d'attention on etrouveroit de distance en dis-ınce, dans les environs de ces erniers lieux, les vestiges de aqueduc de Vaucluse à Arles : émoignages évidens de la gran-eur romaine, qui honorent lus les vainqueurs de l'univers ue leur courage et leurs victoi-es. Ce peuple n'étoit arrêté par ucun obstacle, lorsqu'il s'agis-

---

t plus récemment de M. Gasparin, qui ınt des propriétés près de Notre-Dame le Châteaux, que mes conjectures se sont érifiées, et qu'on y a découvert des parties 'un aquéduc semblable à celui de Vau-luse.

soit de la salubrité ou de l'e[illegible]
bellissement d'un pays occu[illegible]
par ses colonies.

« On voit, dit M. Anibert da[illegible]
ses *Mémoires historiques sur l'a[illegible]*
cienne république d'Arles, u[illegible]
ancien aqueduc des Romains s[illegible]
la route du village de Maussan[illegible]
c'est par-là, continue-t-il, que l[illegible]
eaux des montagnes des Baux, [illegible]
Fontvieille, arrivoient jusqu[illegible]
dans notre ville.... Cet aquedu[illegible]
est double, ou plutôt ce sont de[illegible]
aqueducs qui se prolongent l'u[illegible]
à côté de l'autre.... A l'extrémit[illegible]
méridionale du plus oriental, o[illegible]
trouve des vestiges d'un grand
réservoir octogone, et l'on découvre aux environs d'anciens

canaux qui démontrent que la direction des eaux qui y couloient, étoit très-différente, tant à l'entrée qu'à l'issue. Elles parvenoient à Arles par les bords du côteau de Crau, où l'on voit encore les restes de cet aqueduc, ainsi qu'au sortir de la ville, sur le grand chemin de Provence, auprès du premier moulin de la colline de Moleirès. »

Je ne connois point assez la topographie de ces lieux, pour savoir si l'aqueduc dont parle M. Anibert n'auroit aucun rapport avec celui de Vaucluse.

J'ai été surpris moi-même d'avoir parlé le premier de l'aqueduc antique de Vaucluse, dont

le commencement se trou[v]
dans un pays qui attire chaq[ue]
jour, depuis plusieurs siècles
un grand nombre de savans [et]
de curieux. C'est sans dout[e]
parce qu'on n'en avoit rien pu[-]
blié avant moi, que plusieur[s]
personnes ont cru pouvoir nie[r]
l'existence de cet ancien canal
D'autres lui ont assigné une ori[-]
gine récente, en m'objectant que
si les Romains l'avoient construit,
les historiens en auroient con[-]
servé la mémoire. Mais les histo[-]
riens nous ont-ils laissé quelques
détails au sujet de nos amphithéâ[-]
tres et de nos cirques? parlent-ils
même de nos arcs de triomphe
et du magnifique aqueduc du

Gard ? Ils nous apprennent seulement que depuis la conquête des Gaules par Jules-César, l'intérêt public, la reconnoissance ou la flatterie, y firent ériger divers monumens sous les premiers Empereurs ; mais ils n'en désignent aucun en particulier. Quatre siècles après l'ère chrétienne, Constantin embellit la ville d'Arles et y demeura quelque temps : ne seroit-il pas possible que le canal de Vaucluse eût été construit à cette époque ?

Si cet ouvrage n'est point celui des Romains, à qui peut-on l'attribuer ? Seroit-il un chef-d'œuvre des peuples du Nord qui ont inondé nos contrées et anéanti des villes entières ? ou des Sarrasins qui ont désolé si longtemps le Languedoc et la Provence ? S'il eût été bâti dans le dixième siècle par les Rois d'Arles, nos annales n'en conserveroient-elles pas le souvenir ? Si enfin son origine étoit moins ancienne, ignorerions-nous l'époque précise de sa construction ?

Monumens antiques.

L'Aqueduc dont je viens de parler, n'est pas le seul monument qui nous apprenne que les anciens connoissoient notre Source. J'ai trouvé dans les environs de Vaucluse plusieurs traces d'antiquité. L'église de ce village paroît avoir été bâtie avec les débris de quelque temple payen (1). On a trouvé sous le

---

(1) Cette église, dit M. Arnavon, ancien Curé de Vaucluse, fut construite par St. Véran, Evêque de Cavaillon; il la dédia à la Ste. Vierge. L'architecture de ce temple annonce le siècle où il a été élevé ; et les caractères que présentent plusieurs parties de l'intérieur, donnent lieu de conjecturer qu'il a été construit avec les débris d'un temple magnifique consacré aux divinités du paganisme. La disposition de quelques colonnes employées dans l'intérieur, de celles surtout qui soutiennent l'arc du sanctuaire, prouve avec évidence qu'elles appartenoient à un autre édifice; ces dernières sont de vingt-deux pieds de hauteur, d'une seule pièce, et ornées d'une cannelure droite; le fust n'a point de socle, il s'élève des fondemens de l'église pour soutenir un maigre

pavé de l'église, des tronçons de colonnes de marbre blanc, et d'une pierre plus commune.

---

entablement sur son chapiteau. Les bases qui n'avoient pu être employées, parce qu'elles auroient donné trop de hauteur, furent destinées à soutenir l'urne dans laquelle on déposa le corps de St. Véran. On voit cette espèce de tombeau qui est une masse grossière d'une seule pierre, dans une petite chapelle de l'église.

L'église de Vaucluse devint, après la mort de son fondateur, un monastère de Bénédictins; cet Ordre en jouit jusque vers le dixième siècle. Elle fut ensuite donnée, en 1004, à l'Abbaye de St. Victor de Marseille, qui la posséda jusqu'au commencement du seizième.

Il y avoit encore à Vaucluse une Abbaye de femmes, située sur le bord de la Sorgue, entre l'extrémité de deux collines, dans un endroit nommé Gallas, à un mille du vil-

On a encore trouvé, en ouvrant un petit canal qui passe derrière l'église, une colonne creuse qui fut brisée par des paysans ; de même que des plateaux de marbre blanc très-épais, entourés d'une espèce de cadre en relief, qu'on voit dans la cour de l'ancienne maison curiale.

M. Arnavon présenta à l'auteur d'*Anarcharsis* une coupe antique qui paroissoit avoir été destinée à des libations religieuses. Cette

---

lage. On voyoit encore, il y a 30 ans, les ruines de l'église. Les religieux y restèrent depuis 1060 jusqu'en 1318. L'emplacement de cet ancien monastère fut vendu au Cardinal de Foix, qui en fit sa maison de campagne.

coupe, trouvée parmi les débri
dont je viens de parler, avoi
six pouces de diamètre, l'inté
rieur en étoit uni; on y voyoit
dans le fond un groupe de poissons. On voit encore dans une
cour de la maison curiale, située
au midi de l'église, la moitié
d'une colonne en pierre calcaire
grise d'un grain très-fin, d'environ 9 pieds de longueur sur 21
pouces de diamètre; des canne-
lures profondes l'entourent en
spirale : un choc un peu rude
en fait détacher une croûte d'une
ligne d'épaisseur.

Au levant de l'église on trouve
des chapiteaux mutilés, beaucoup de briques antiques qui

renfermoient des ossemens, des morceaux de marbre ; j'ai découvert encore deux inscriptions anciennes, mais d'une époque moins reculée.

N'ayant point fait une étude particulière des monumens antiques, je rapporte ce que j'ai vu, et n'en parle dans cet ouvrage que pour engager quelque Savant à vérifier mes observations, à en faire de nouvelles, et à expliquer ce que je n'ai fait qu'indiquer moi-même.

CHAPITRE VII.

Observations physiques et chimiques sur les eaux de Vaucluse.

Température de la Source.

La température moyenne de la Source est de 10,30 thermomètre de Réaumur (1). Sa variation annuelle est de 0,90 ou à peu

(1) Toutes les fois que je parlerai d'observations thermométriques, le lecteur voudra bien se rappeler que mes thermomètres sont construits d'après les principes de Réaumur, et divisés en 80 degrés, depuis la glace fondante jusqu'à la température de l'eau bouillante, sous une pression de 28 pouces.

J'ai exposé dans les caves de l'Observa-

près d'un degré. Sa plus grande fraîcheur répond au mois d'avril, et la moindre à celui de septembre. Il n'y a qu'une différence de 0,7 entre cette température et

---

toire deux de mes thermomètres assez sensibles pour donner des dixièmes de degrés, qui étoient parfaitement d'accord avec celui qui fut construit sous les yeux de l'Académie.

Le thermomètre des caves divisé sur une monture en verre, étoit le 21 décembre 1806 à 9,64

Un second thermomètre construit par Mossy, appartenant à M. Bouvard, marquoit 9,60

L'un des miens 9,65

L'autre 9,75

Nous avions placé les instrumens dans le cylindre rempli de sable, porté sur un socle en pierre, dans lequel est situé le thermomètre des caves. M. Bouvard, directeur de l'Observatoire, eut la complaisance de descendre avec moi dans le souterrain, et de

celle des caves de l'Observatoire de Paris, qui est de 9,6.

Il paroît, d'après l'induction générale qu'on peut tirer des températures souterraines qui diminuent en raison de la hauteur des lieux sur le niveau de la mer, que les eaux de la fontaine de Vaucluse ne viennent pas d'une très-grande distance derrière les montagnes au pied desquelles cette source est située; car si cela étoit, elles se refroidiroient davantage en les traversant, et leur température seroit plus abaissée que celle qui nous est indiquée par l'observation. Je n'ai trouvé qu'une très-légère différence entre la température des sources latérales et celles du bassin.

---

me faciliter les moyens de faire les observations comparatives.

J'ai trouvé à Paris la température d'un puits de 14 toises de profondeur, à l'extrémité du fauxbourg St. Denis, absolument la même que celle des caves.

La hauteur du bord du bassin est de 56 toises au-dessus du niveau de la Méditerranée, et de 44 toises sur le sol d'Avignon.

La température moyenne de l'année est de 11,6, et celle de la source de Vaucluse de 10,3 ; il n'y a qu'une différence de 1,5 entre ces deux degrés thermométriques.

J'avois dit, dans la première édition de cet Ouvrage, que la température moyenne de la source étoit de 10,65, sa variation annuelle d'environ un demi-degré. Mes dernières observations faites avec des instrumens plus sensibles et plus exacts, m'ont donné pour cette température moyenne 10,30 ; pour le *maximum*, 10,80 vers le 1 septembre ; pour le *minimum*, 9,80 sur la fin d'avril ; et par conséquent un degré pour sa variation annuelle.

On verra, dans la Table suivante, le détail de mes observations faites à Vaucluse (avec le thermomètre) l'an 1807.

J'ai pris la température des eaux de la Sorgue, 1.° sous le pont du Village; 2.° aux sources qui se trouvent sur le chemin entre le village et le bassin; 3.° au sortir du bassin.

Température des sources de Vaucluse à différentes époques de l'année 1807.

J'ai trouvé la même variation les années suivantes à 0,3 de degrés près.

Époque des observations.	Près du pont.	Petites sources.	Au sortir du bassin.
15 Février.	10,40	10,70	10,40
24 Avril.	10,00	10,40	10,00
30 Avril.	9,80	10,30	9,70
1 Septembre.	10,80	10,85	10,75
27 Novembre.	10,00	10,20	9,90

La température de la fontaine du Gr
zeau, près de Malaucène (source consi
rable qui coule au pied d'un rocher
carpé, et dont la hauteur est de 209 to
au-dessus du niveau de la mer, c'est
dire, 154 toises plus élevée que la sou
de Vaucluse), est constamment de 9,
ce qui fait une différence d'un degré tr
dixièmes entre la température de cette fo
taine et celle de Vaucluse.

Celle de la font Féyole, sur le Mon
ventoux, à environ 900 toises, est de 3,

J'ai trouvé à Montpellier, en juill
1807, la température moyenne de di
puits de 14 à 18 toises de profondeur, d
11,6.

La température moyenne des puits de
Nîmes est de 11,5.

Celle des puits d'Avignon est de 10,4.
Il est probable que cette température dif-
féreroit peu de celle de l'atmosphère, si le
Rhône qui coule du Nord au Midi, ne la
refroidissoit sensiblement.

Je croyois, à l'époque où je publiai un *Mémoire sur le décroissement des températures souterraines en raison de la hauteur des lieux sur le niveau de la mer*, ainsi qu'à celle où a paru la première édition de cet Ouvrage; je croyois, dis-je, que les températures des souterrains, des puits profonds, ou des sources considérables, offroient bien moins d'anomalies, et qu'elle étoit, à très-peu de chose près, égale à la température de l'atmosphère ambiante. Mais si cette observation est presque toujours vraie dans les plaines, il y a beaucoup d'exceptions à faire dans les pays montagneux.

A Apt, par exemple, petite ville de ce Département, élevée de 115 toises sur la Méditerranée, dans le voisinage des chaînes de montagnes, j'ai été étonné de trouver une grande différence dans la température de trois puits de 7 ou 8 toises de profondeur, et éloignés au plus de 200 pas l'un de l'autre (l'un situé dans la maison de M. Can-ron, l'autre dans celle de M. Guilibert, et le troisième dans celle de M. de Taillades); j'ai été étonné, dis-je, de voir le thermomètre descendre dans le premier, à 10,00; dans le second, à 9,50; et dans le troisième, à 8,00. Il me paroît difficile d'expliquer ce phénomène, à moins de l'attribuer à divers courans souterrains qui prennent leur origine dans des lieux plus ou moins élevés. Quant aux causes locales qui pourroient constamment refroidir la terre à cette profondeur, je les crois encore inconnues.

La température de la source du Gourdon (je ne parlerai que de celle-ci, en passant sous silence plusieurs autres fontaines du Vivarais, dont M. Embry, médecin d'Aubenas, nous a donné le degré de chaleur dans l'Annuaire de l'Ardèche pour l'an XI), élevée sur le niveau de la mer d'environ 530 toises, est à un dixième de degré près égale en température à celle du Grozeau, élevée seulement de 209 toises. Il y a cependant entre les deux sources une différence de plus de 300 toises en hauteur sur le niveau de la mer!

Ne peut-on pas raisonnablement présumer que les sources du Vivarais, et principalement celle du Gourdon, ont une température moyenne supérieure à celle de l'air ambiant, et que cette plus grande chaleur est occasionée par une cause interne, due peut-être à des substances minérales qui s'échauffent en se décomposant, mais qui ne sont plus suffisantes aujourd'hui pour produire des éruptions spontanées dans un pays anciennement volcanisé.

A Nîmes, à Montpellier, et partout où la plaine est de quelque étendue, et où il n'y a pas des montagnes élevées dans le voisinage, j'ai trouvé la température des profonds souterrains égale, à très-peu de chose près, à la température moyenne de l'atmosphère, tandis que les mêmes observations répétées dans les pays montagneux, ou dans le voisinage des fleuves et des rivières considérables, offrent de fréquentes anomalies.

Analise chimique des eaux de Vaucluse.

I.

Qualités physiques.

1.° L'eau de Vaucluse est ordinairement aussi pure que le cristal. Sa limpidité fut altérée il y a environ 25 ans, après de grandes pluies ; mais elle reprit bientôt sa transparence ordinaire.

2.° Elle n'a point de saveur particulière.

3.° Sa pesanteur spécifique ne diffère pas sensiblement de celle de l'eau distillée.

4.° Sa température ne varie annuellement que de 1,00 degré.

5.° Sa température moyenne est de 10,30.

6.° Les principales plantes qui croissent sous les eaux de cette Fontaine, sont :

SIUM *latifolium.*
angustifolium.
nodosum.
POTAMOGETON *angustifolium.*
FONTINALIS *antipyretica.*
minor.
HYPNUM *riparium.*
HEDWIGIA *aquatica.*

Cette dernière mousse couvre les rochers qu'on voit dans le lit de la Sorgue.

7.° L'eau de cette source ne dépose à la longue qu'un peu de *carbonate de chaux.*

8.° Elle sort d'un rocher calcaire, qui fait partie d'une montagne assez considérable de la même nature. Les rochers qui ont roulé dans son lit, et qui se sont accumulés vers l'extrémité orientale du vallon, sont aussi calcaires.

9.° Cette source fournit, lorsqu'elle est haute, trois toises cubes d'eau par seconde, une seule lorsqu'elle est très-basse, et environ deux quand elle est médiocre.

10.° Son principal réservoir est élevé d'environ 55 toises au-dessus du niveau de la mer.

II.

Caractères chimiques, ou essais par les réactifs.

1.° L'eau de Vaucluse est excellente pour cuire la viande, les légumes, décrasser le linge et dissoudre le savon.

2.° La teinture de *tournesol* n'en est pas sensiblement rougie.

3.° Le *prussiate de potasse* n'altère point sa limpidité.

4.° L'*acide sulfurique* concentré n'occasione point de précipitation.

5.° Quelques gouttes d'*acide oxalique* ne forment à la longue qu'un dépôt très-léger.

6.° L'*eau de chaux* ne la trouble pas d'une manière très-sensible.

7.° Le *muriate de baryte* n'annonce que de légères traces de *sulfates* terreux ; le nuage qui se forme au fond de l'eau est peu sensible.

8.° Le *savon* dissous dans l'*alkool* n'altère que très-légèrement la limpidité des eaux de Vaucluse.

9.° Le *nitrate d'argent* n'opère qu'une précipitation très-peu apparente.

On voit, d'après l'action de ces principaux réactifs, que cette eau tient en dissolution, 1.° du *carbonate de chaux*; 2.° du *sulfate de chaux* ; 3.° de l'*acide muriatique* ; 4.° de l'*acide carbonique libre*.

III.

Analise par l'évaporation.

Six pintes d'eau prises à Vaucluse, ou 288 pouces cubiques, évaporés jusqu'à siccité, ont laissé un résidu de 15,80 grains, qui m'ont donné par l'analise :

	grains.
Carbonate de chaux . .	8,00
Muriate de chaux . . .	3,25
Sulfate de chaux	2,50
Alumine	0,50
Silice	0,30
Total.	14,55
Perte.	1,25

70 livres d'eau de Vaucluse, (1 pied cube) contiennent :

	grains.
Carbonate de chaux . .	48,00
Muriate de chaux . . .	19,50
Sulfate de chaux . . .	15,00
Alumine.	3,00
Silice	1,80
Total.	87,30

Il faut ajouter à ce résultat un peu de *gaz acide carbonique*.

On voit, d'après cette analise dont il seroit inutile de rapporter tous les détails, que cette eau doit être excellente pour tous les usages économiques, et qu'on peut la mettre au rang des eaux terrestres les plus pures.

Quoique l'eau de nos puits d'Avignon soit en général d'une très-bonne qualité, elle laisse un résidu beaucoup plus considérable.

Volume d'eau qui s'échappe de la Source, et conjectures sur son origine.

J'ai mesuré au-dessous du village de Vaucluse, dans un lieu où tous les canaux de la Sorgue sont réunis, la largeur de la rivière, la vîtesse et la profondeur moyennes des eaux; le calcul m'a donné, à très-peu de chose près, une toise cube par seconde lorsque la Fontaine est basse, et plus de trois toises cubes lorsqu'elle approche du *maximum* de sa hauteur. Dans son état moyen elle en fournit deux (1).

Il tombe annuellement dans nos environs de 20 à 26 pouces d'eau, et un peu plus dans nos montagnes que dans la plaine. Supposons donc qu'il en tombe 24 pouces sur les 30 ou 40 lieues carrées situées derrière Vaucluse ; une lieue carrée de 25 au degré ou de 2282 toises renfermant 227,826,864 pieds carrés, il tombera sur cette surface 455,653,728 pieds cubes ; 4,556,537,280 sur une étendue de 10

---

(1) Deux toises cubes d'eau par seconde donnent en une minute 120 toises cubes,
en une heure 7,200 toises cubes,
en un jour 172,800 toises cubes,
en un an 63,092,000 toises cubes.

Ce dernier nombre, multiplié par 216 pieds cubes contenus dans une toise cube, donne 13,627,872,000 pour le nombre des pieds cubes d'eau que dépense cette Fontaine dans une année.

lieues, et 13,669,611,840 sur une de 30. Ce dernier résultat diffère peu du nombre des pieds cubes que dépense annuellement Vaucluse, d'où l'on voit que pour alimenter cette source, toute l'eau de pluie qui tombe dans un an sur une surface de 30 lieues carrées seroit nécessaire.

On sent que ce calcul ne peut être qu'approximatif, car la terre retient une certaine quantité des eaux pluviales, qui bientôt se dissolvent encore dans l'atmosphère; une autre partie glisse sur la surface du globe et alimente les torrens, de sorte qu'on peut présumer qu'il n'y a que la moitié des eaux du ciel qui pénètrent dans l'intérieur de la terre. Il faudroit donc doubler la surface de 30 lieues carrées, et on auroit pour résultat 60 lieues carrées, en admettant que la Fontaine de Vaucluse n'est alimentée que par les pluies des environs.

La surface du sol à l'Ouest de Vaucluse étant beaucoup plus basse que la source, les eaux pluviales qui tombent sur cette surface, ne peuvent pas alimenter notre Fontaine : mais il n'en est pas de même des eaux qui arrosent la partie montagneuse.

Quoique le territoire en delà de Vaucluse, principalement vers le N. E., soit extrêmement sec, que les sources y soient très-rares et peu abondantes, que les ruisseaux y rentrent, à une très-petite distance de leur origine, dans le sein de la terre, il s'en faut bien que toutes les eaux pluviales y soient absorbées ; les torrens en transportent une partie dans la Sorgue ou dans la Durance, lorsque les pluies sont un peu abondantes. D'après l'inspection des pays situés derrière notre Fontaine, je suis convaincu qu'ils lui fournissent une partie de leurs eaux ; je ne puis croire cependant qu'elles suffisent à la totalité de leur volume, car dans ce cas la température de notre source seroit moins élevée (1).

(1) En effet, la hauteur moyenne des

Si l'observation nous apprenoit que les crues de Vaucluse coïncident avec celles d'une rivière dont le lit plus élevé que son bassin n'en seroit point à une très-grande distance, répugneroit-il à l'observateur physicien de croire que cette rivière peut fournir à Vaucluse une partie de ses eaux ? Eh bien, le lit de la Durance, à quelques lieues d'Avignon, est plus élevé que la fontaine de Vaucluse, n'en est pas à une très-grande distance, et les crues de cette Source correspondent avec celles de la Durance !

Je prévois les objections qu'on pourroit me faire. La Durance, me dira-t-on,

---

montagnes situées derrière Vaucluse étant de 3 ou 400 toises, l'eau qui en proviendroit devroit être de 2 ou 3 degrés au-dessous de la température moyenne, tandis qu'au contraire elle diffère peu de celle de nos puits et de nos sources.

est une rivière dont les eaux sont constamment troubles, et celles de Vaucluse sont d'une limpidité parfaite. Lorsque cette rivière roule un plus grand volume d'eau, c'est qu'il a plu ou que les neiges ont été fondues; et quand la Durance augmente, il pleut très-souvent dans nos environs.

Je répondrai à la première de ces objections, que les eaux les plus troubles, après s'être filtrées à travers les sables et les graviers, sont aussi limpides que celles qui tombent du ciel, et qu'une couche de quelques pieds d'un terrein poreux, suffit pour opérer cette clarification. Les couloirs ou les filtres s'obstrueroient à la longue, pourra-t-on me dire aussi; mais cette rivière est si rapide qu'elle roule et transporte souvent les graviers de son lit; d'ailleurs son principal courant change quelquefois de direction. Ces deux causes empêchent l'obstruction de ses filtres.

Si la Durance, pourroit-on m'objecter encore, communique par des conduits invisibles avec Vaucluse, les crues de la Fontaine ne doivent pas être plus grandes que celles de la rivière, et s'il n'y a que six pieds de différence entre la surface du *maximum* et du *minimum* de ses eaux, il ne doit y avoir que la même différence entre le *maximum* et le *minimum* de notre Source. Cependant la variation des eaux de Vaucluse est de plusieurs toises, tandis que le niveau de la Durance ne change que de quelques pieds. J'avoue que cette objection est spécieuse, et qu'elle semble démontrer que les crues de Vaucluse sont indépendantes de celles de la Durance ; mais des réflexions plus approfondies me démontrent le contraire.

Lorsque la Durance est enflée, elle occupe en général, en plusieurs endroits, une surface trois fois plus étendue que celle qu'elle couvre dans sa hauteur moyenne.

La quantité d'eau qui filtre dans le sein de la terre doit donc être beaucoup plus considérable en raison de la plus grande pression et de la plus grande surface des eaux; elles affluent alors en plus grande quantité vers Vaucluse ; les ouvertures inférieures du bassin ne peuvent plus suffire pour leur écoulement ; alors, forcées de remonter, elles franchissent la chaussée qui les retenoit. Mais lorsque la Durance est basse, les ouvertures, dont je viens de parler, sont suffisantes, et les eaux s'échappent des parties inférieures du bassin à mesure qu'elles y parviennent.

Afin que cette explication soit plausible, il faut (ce qui est réellement) que le lit de la Durance soit plus élevé que le bassin de Vaucluse, et dans ce cas seul, une crue de cinq ou six pieds peut occasioner une augmentation de plusieurs toises. Il me paroît aisé de comprendre que tant que les issues inférieures du bassin sont suffisantes pour laisser échapper l'eau à mesure qu'elle afflue dans le réservoir, la source ne doit pas surmonter la chaussée; mais lorsque les eaux s'y rendent en plus grande quantité, elles doivent remonter dans le bassin et parvenir jusqu'à la hauteur où la pression de la colonne verticale peut les chasser en quantité proportionnelle avec celles qui se rendent au réservoir. L'eau doit surmonter les bords du bassin ou dépasser la chaussée, lorsqu'elle afflue en assez grande abondance pour qu'elle ne puisse plus sortir en totalité par les ouvertures qui correspondent avec les sources inférieures.

Si le lit de la rivière n'étoit qu'au niveau du bassin, et que la Durance alimentât seule Vaucluse, les crues de la Fontaine et de la rivière seroient alors à peu près égales entre elles. Le phénomène que j'ai taché d'expliquer ne pourroit donc avoir lieu qu'autant que la Durance seroit plus élevée que le point le plus haut où parviennent les eaux de Vaucluse, et dans ce cas seulement l'augmentation de quelques pieds peut occasioner des variations de plusieurs toises.

Au reste, je ne donne mon opinion que comme une conjecture qui ne me paroît pas dépourvue de vraisemblance, et qui n'est pas contraire aux lois de la physique.

On croit que plusieurs sources éloignées communiquent avec celle de Vaucluse. Les habitans des environs de Gap s'imaginent, je ne sais trop pourquoi, que le réservoir souterrain qui est au sommet de la montagne de Ceuse, correspond avec notre Fontaine. On croit encore dans plusieurs pays du Dauphiné, que d'autres sources communiquent avec la nôtre; on fait à ce sujet plusieurs récits, qu'un observateur éclairé doit mettre au rang des fables. Il en est de la fontaine de Vaucluse, comme de ces familles illustres à qui chacun voudroit appartenir. Sa célébrité a donné lieu à une oule de fables, mais l'historien exact doit éparer avec soin les vérités incontestables l'un chaos d'hypothèses.

Il est très-probable qu'il passe dans le oisinage de Saint-Cristol, éloigné en ligne lroite de sept lieues de Vaucluse, un canal outerrain qui aboutit à cette source. Je uis cependant éloigné de croire, par les aisons que j'ai données, que le volume l'eau qui traverse un pays de 400 toises l'élévation soit très-considérable, puisque lans cette supposition la température de Vaucluse en seroit sensiblement abaissée. Cependant le passage d'un ruisseau souterrain est incontestable ; car il se fit, il y a environ 25 ans, un éboulement d'une terre ochreuse-rougeâtre dans les environs de Saint-Cristol, et le lendemain les eaux de Vaucluse furent teintes de cette même couleur (1).

(1) Les eaux de Vaucluse furent aussi

Du côté de Pernes et d'Apt, en approchant l'oreille de plusieurs fentes qu'on observe dans le rocher, on croit entendre un bruit semblable à celui qui seroit causé par une rivière souterraine.

Vaucluse ne seroit-elle pas l'issue d'un lac souterrain qu'on pourroit considérer comme le réservoir commun de plusieurs ruisseaux ? En examinant avec soin la partie occidentale de la montagne au pied de laquelle est située cette source, on ne sera pas éloigné de croire qu'il s'est opéré un affaissement considérable, et qu'une partie de ce lac a dû en être comblée (1).

---

troublées le 1 novembre, après les grandes pluies de 1775, ainsi qu'il est dit dans le tome VI de la Collection Académique imprimée à Dijon en 1761.

(1) N'y a-t-il pas lieu de soupçonner, dit M. Brisson (dans un Mémoire sur l'Histoire naturelle du Comté Vénaissin, Journ. de

Si un Naturaliste exercé jette un coup-d'œil sur la vallée de Vaucluse, sur le rocher à pic qui la termine, sur les blocs énormes épars çà et là, et sur l'inclinaison de ses flancs, il trouvera que cette petite vallée ne peut se comparer à aucune autre, et qu'elle a des caractères particuliers qui la distinguent. Aucun vallon ne commence peut-être par un escarpement perpendiculaire de plus de 600 pieds. On observe quelquefois des vallons entrecoupés de rochers taillés à pic, mais ces coupes har-

---

Phys. juillet 1772), que cette Fontaine doit son origine à un volcan? Le pied du rocher creusé est comme celui des cheminées; le feu y dévore plus le cœur que le sommet. La caverne est le vide qu'a laissé la substance qui, dans cette partie-là, s'est trouvée susceptible de vitrification, et a coulé, etc. Cette opinion est dépourvue de vraisemblance. *V. Journal de Phys. juillet* 1772, *p.* 113, *jusqu'à la page* 229.

dies, dues au travail des eaux, supposent toujours un ravin profond qui se prolonge derrière elles à une distance plus ou moins grande.

Pour expliquer la formation de la vallée de Vaucluse, il faut supposer un affaissement ou un écartement des rochers qui la bordent et la terminent; la continuité des rocs de la même nature, qui forment un vaste demi-cercle, semble prouver qu'un simple écartement n'a point eu lieu, et qu'en se séparant de la masse principale, les rochers se sont enfoncés dans le sein de la terre. Cet affaissement a été occasionné peut-être par le lac souterrain dont je soupçonne l'existence, qui a affoibli peu à peu la voûte naturelle qui supportoit les immenses rochers dont les débris ont couvert le fond et les parties latérales du vallon de Vaucluse.

Je le répète, l'inspection de la vallée entre le Village et la Source, ses flancs déchirés, ses rochers escarpés, ses blocs suspendus et ses aiguilles effilées, ces cavernes nombreuses, en un mot cet ensemble qui représente en quelque sorte les ruines de la nature *(fractus orbis)*, annoncent une cavité souterraine, dont l'écroulement d'une portion du revers occidental de la montagne a comblé une partie. Il me paroît très-probable que l'antre de Vaucluse doit être l'issue de quelque vaste souterrain occupé par les eaux, car on y jette tous les jours une quantité de pierres, on y fait rouler des rochers, et malgré le plus grand abaissement de la Source, on n'aperçoit pas le fond de cet espèce d'entonnoir qui n'a qu'un très-petit diamètre lorsque la Fontaine est basse.

Non tota solido contextu terra in unum funditur, dit Sénèque, *sed multis partibus cava et cæcis suspensa latebris, habet inania sine humore.* . . . . . .

. . . .

Sunt sub terrâ minus nota nobis jura naturæ, sed non minus certa. Crede infra, quicquid vides supra. Sunt et illic specus vasti, sunt ingentes recessus et spatia suspensis hinc et indè montibus laxa : sunt abrupti in infinitum hiatus, qui sœpè illapsas urbes receperunt, et ingentem in alto ruinam condidere. Nat. Quæst. L. III.

Le même philosophe dit encore : *Quemadmodum in exteriore parte terrarum vastæ paludes jacent, magni et navigabiles lacus, quemadmodum ingenti spatio terræ maria porrecta sunt. Infusa vallibus sic interiora terrarum abundare aquis dulcibus, nec minùs illas stagnare, quam apud nos oceanum et sinus ejus : imò eò latiùs, quò plus terra in altum patet.*

Mira sunt (dit Kircher, dans son Monde souterrain,) *quæ Americana historia narrat de montibus Andium, in quorum visceribus suprà quam dici potest horrida antrorum receptacula tantæ capacitatis inveniri asserit, ut integris regionibus in terrena superficie non cedant. In hisce quoque ingentes ingentium fluminum cataractas quæ tanto fragore et sonorum diversitate suas præcipitant aquas, ut nihil in mundo terribilius se audisse, fossores testentur.*

In Britanniâ, in Aber Barry juxtà Sabrinam, in Walliâ, in quodam Clivo saxoso, in quo sunt foramina, si quis aurem apposuerit, sonitus varios et murmur flatuum sub terrâ exaudiet. Bacon, Hist. ventor.

Si quelqu'un doutoit de l'existence de ces vastes cavités souterraines, il en trouveroit de nouvelles preuves dans la description que Kircher, *Mund. subt. lib. II. Techn. p.* 116, fait des monts Éoliens.

D'après tout ce que je viens de dire dans ce Chapitre, il me semble que la Fontaine de Vaucluse doit au concours de plusieurs causes l'étonnante quantité d'eau qui en sort. La première me paroît due aux filtrations de la Durance ; car la température des eaux de Vaucluse peu différente de celle d'une source située au milieu de de nos plaines, et la même que celle de nos puits , semble me prouver que la plus grande partie des eaux qui l'alimente ne vient pas de très-loin , et dans cette supposition très-probable, je ne vois que la Durance qui puisse produire cet effet. Au reste, je le repète encore, je ne donne mon opinion que comme une hypothèse plus probable que beaucoup d'autres. Si comme on le croit communément, les eaux pluviales qui tombent sur le Montventoux et les environs, alimentoient en entier, ou presque en totalité, la source de Vaucluse, la température de ses eaux ne seroit-elle pas constamment et invariablement plus froide, et ne verroit-on pas le thermomètre y descendre beaucoup plus que dans la plaine ? D'ailleurs ne pleut-il pas souvent derrière la chaîne de Vaucluse sans que cette Source augmente d'une manière très-sensible? J'attribue la seconde à la sécheresse des montagnes et des plaines situées derrière Vaucluse, qui absorbent presque toute l'eau des pluies, et dans lesquelles on rencontre très-rarement des sources et presque jamais des ruisseaux : la troisième me semble due à un canal souterrain qui aboutit à notre Source, et dont on croit trouver des traces dans la direction du N. E. Vaucluse étant le point le plus bas au pied de la lisière de nos montagnes, et notre plaine se trouvant dominée par le vaste amphithéâtre qu'elles forment, doit être aussi le réceptacle commun d'une grande partie des eaux qui s'y filtrent.

J'ai décrit la Fontaine et la vallée de Vaucluse avec la plus grande exactitude; j'ai ensuite rapporté les phénomènes que nous présente cette Source célèbre. La quantité d'eau qu'elle fournit en diverses saisons, sa température, son analise, sont des vérités qu'il ne faut point mettre au nombre de quelques hypothèses dont je n'ai pu me défendre. Les conjectures, surtout en histoire naturelle, ne sont que le roman de la science ; aussi faut-il ne pas les confondre avec des faits bien observés, et ne les considérer que comme des probabilités plus ou moins grandes et plus ou moins ingénieuses.

Passons maintenant à l'histoire des objets extérieurs ; parcourons les environs de Vaucluse depuis l'extrémité orientale de la plaine de l'Isle ; et afin d'être plus exact, ne dépassons pas un rayon d'un quart de lieue, dont la Source de Vaucluse sera le centre.

CHAPITRE VIII.

Histoire naturelle de Vaucluse.

Minéraux qu'on trouve de l'Isle à Vaucluse.

On trouve avant d'arriver au village de Vaucluse, le long du chemin qui y conduit, quelques minéraux assez communs, dont je me contente de donner les noms, d'après le système de Gmelin.

Craie *farineuse.*
Spath *calcaire rhomboïdal.*
Stallacite *spathique.*
commune.
Marbre *marneux.*
commun.
Humus *vulgaire.*
Marne *terreuse.*

GYPSE *sélénite.*

ARGILE *commune.*

SILEX *cendré, noirâtre et jaunâtre.*
crayeux.
demi-transparent.
opaque.

GRÈS *quartzeux.*

FER *limoneux.*

TURBINITES *pétrosiliceux.*

LITHOTOMI *cavi (de Vallerius.)*

SILICICALCE *de Saussure* (1).

Je vais entrer à présent dans quelques détails au sujet de nos *petrosilex*, qui sont la production minérale la plus remarquable des environs de Vaucluse. Si tout ce que

---

(1) La *silicicalce* est le *silex* des naturalistes où la terre calcaire se trouve combinée en plus grande quantité. Il seroit inutile de rapporter ici les noms qui ont été donnés à ce minéral par des naturalistes plus modernes.

nous apprend M. de Saussure avoit besoin de mon foible suffrage, je dirois qu'en examinant nos *silex*, j'ai confirmé toutes ses observations, et que j'ai obtenu les mêmes résultats que lui.

« De l'Isle à Vaucluse, on compte deux petites lieues. On traverse d'abord une plaine couverte de prairies, puis des champs fertiles plantés de mûriers, enfin des vignes et des oliviers, qui croissent sur des débris calcaires. Mais dans quelques endroits ces débris sont si abondans, que les terres ne sont ni ne peuvent être cultivées. On passe ensuite sur des rochers couverts de ces mêmes débris. »

» Un quart-d'heure avant d'arriver au village de Vaucluse, on entre dans un vallon tortueux, qui, arrosé par les eaux vives et claires de la Sorgue, est extrêmement agréable. »

» Les premiers rochers que présente ce vallon, sont composés de couches minces d'une pierre calcaire à gros grains, qui alternent avec des couches de grès plus minces encore. Les grains ou parties discernables de la pierre calcaire, sont composés de feuillets planes, lisses, et de forme rhomboïdale. Ceux du grès, liés entre eux par un gluten calcaire, sont composés de parties, les unes anguleuses, les autres arrondies de quartz blanc transparent, et de stéatites jaunâtres ou verdâtres demi-transparentes. »

» On trouve ensuite des rochers de pierre calcaire compacte, dans lesquels on voit des veines et de beaux noyaux de petrosilex secondaires, *hornstein de Werner*. Ces petrosilex sont disposés sur des lignes parallèles entre elles et aux couches de la pierre. Il y en a de très-grands, d'un pied et plus de diamètre sur cinq à six pouces d'épaisseur, car leur forme est généralement comprimée, à bords arrondis, avec une écorce grise dont l'aspect est terreux.

Quelques-uns de ces noyaux sont composés de couches concentriques, les unes brunes, les autres grises. Les brunes sont d'une pierre translucide d'un brun de café foncé, d'une cassure qui approche de la conchoïde, presque lisse et très-peu écailleuse. Les grises sont presque opaques et ont une cassure très-écailleuse à grosses écailles. Les unes et les autres donnent beaucoup de feu contre l'acier; mais les brunes sont plus dures et résistent à la lime, au lieu que les grises se laissent entamer; cependant les unes et les autres se fondent, quoique avec quelque peine, en une scorie blanche et bulleuse. Trempées dans l'acide nitreux, les unes et les autres donnent beaucoup de petites bulles, mais les grises plus que les brunes; après une longue digestion dans cet acide, les couches grises se trouvent blanchies jusques à la profondeur d'une demi-ligne; là, leur cassure est plus terreuse, et elles sont plus tendres, quoique toujours fusibles au chalumeau. Les couches brunes sont moins altérées ; elles le sont cependant un peu ; ces deux variétés méritent bien le nom de *petrosilex secondaire*, mais dans un état de passage à la silicicalce (1). »

(1) J'ai trouvé parmi ces couches la silicicalce que de Saussure a décrite §. 1524. « Sa couleur, dit cet habile géologue, est d'un blanc qui tire dans quelques échantillons sur le gris, dans d'autres sur le roux. Sa cassure est parfaitement conchoïde, évasée, lisse, mais sans éclat et d'une pâte fine ; elle ne peut point être qualifiée d'écailleuse, quoique l'on y voie quelques grandes écailles. Ses fragmens sont tranchans et translucides sur les bords. Elle est un peu plus que demi-dure, ne se laissant que peu ou point rayer par une pointe d'acier, et donnant, quoique rarement, quelques étincelles. »

Elle fait avec les acides une longue et

» En approchant de Vaucluse, ces gros noyaux disparoissent; on voit à fleur de terre des couches minces de silex, dans lesquelles j'ai trouvé de jolies hélicites ou vis agathisées. »

---

foible effervescence; elle y perd une grande partie de sa dureté, mais pourtant pas au point d'y devenir friable ni *tachante*, et ses bords y deviennent plus translucides.

Réduite en poudre et digérée dans l'acide nitreux, elle perd les 45 centièmes de son poids, et le résidu d'un beau blanc et vraiment siliceux, se dissout avec effervescence dans l'alkali minéral; elle est froide au toucher; sa pesanteur spécifique est de 2,301.

Au chalumeau, elle commence par décrépiter un peu, puis elle se fond, en bouillonnant, en une scorie blanche et bulleuse. On voit quelques nœuds de pierre à fusil disséminés dans l'intérieur de cette pierre, qui a été confondue avec le *petrosilex æquabilis* de Vallerius; mais ses propriétés sont trop remarquables et trop différentes

» Si je dis agathisées, c'est pour me servir de l'expression reçue par les amateurs des fossiles, car cette substance n'est point une véritable agathe, c'est-à-dire, une calcédoine: elle a bien la demi-transparence et la dureté de la calcédoine, mais elle n'en a ni la cassure scintillante ni l'infusibilité; sa cassure est un peu écailleuse, et ses petits éclats se fondent au chalumeau en un verre bulleux. »

» Quelques-unes de ces petites vis ont leur test ou leur coquille blanche et encore calcaire, tandis que l'intérieur est rempli de petrosilex exactement moulé dans sa cavité; mais il y en a aussi dont le test même est devenu petrosilex. »

» Au reste, on sait que ce n'est pas là une transmutation, mais seulement une

---

du silex, du petrosilex secondaire ou *hornstein* de Werner, pour ne pas former un genre séparé. »

transposition. La terre calcaire ne se change pas en silex, mais elle est successivement entraînée et remplacée par des parties siliceuses. »

» On trouve aussi de petites hélicites avec leurs coquilles blanches et vides, renfermées dans la pierre calcaire compacte et grise de ces rochers. »

» Les rochers qui forment l'enceinte de la source, et qui, en barrant le fond de la vallée, lui ont mérité le nom de *Vaucluse*, sont tous calcaires. »

» Leurs couches en général sont à peu près horizontales; on en voit cependant çà et là qui sont diversement et je crois accidentellement inclinées. »

Nature des Montagnes de Vaucluse.

Le rocher perpendiculaire qui domine le bassin de Vaucluse, est formé en entier par la pierre calcaire commune, ou *chaux carbonatée compacte grise* de Haüy. Les montagnes les plus élevées des environs sont aussi de la même nature. Les couches, en général parallèles à l'horizon, sont toutes homogènes. Je n'ai pu trouver au pied du rocher à pic la moindre trace de pétrification, tandis que dans quelques endroits la surface supérieure m'en a fourni d'assez abondantes. J'ai vérifié à Vaucluse ce que j'avois déjà observé dans les autres montagnes calcaires d'ancienne formation: je n'ai jamais vu de fossiles pétrifiés au pied des rochers à pic d'une hauteur considérable, tandis que ces mêmes rochers en sont quelquefois couverts supérieurement, surtout lorsque leur pente est très-douce. J'ai vu encore que l'intérieur des montagnes qui forment les plus grandes chaînes calcaires, est d'une formation bien plus reculée que leur surface, car leur noyau semble avoir été formé à une époque où il n'existoit point de coquillages. La montagne de Vaucluse ne me paroît couverte que d'une espèce d'enveloppe plus ou moins épaisse, dans l'intérieur de laquelle sont renfermées les pétrifications. Nous retrouvons les parties de cette enveloppe sur les hauteurs des montagnes peu inclinées, et sur celles qui nous présentent à leur sommet des plateaux plus ou moins étendus; nous en chercherions vainement les traces dans les lieux où leur pente est rapide, et où les eaux pluviales, celles des sources ou des torrens en ont détaché des lambeaux.

La partie la plus élevée de la montagne de Vaucluse est entrecoupée de vallées plus ou moins profondes; elle est escarpée dans quelques endroits, et principalement vers l'ouest, se terminant des autres côtés par une pente moins scabreuse. La surface de cette montagne peut s'évaluer à une lieue carrée; on peut cependant la regarder comme faisant partie d'une chaîne plus étendue plutôt que comme une montagne particulière.

J'ai trouvé sur son sommet quelques fragmens de la *silicicalce* de Saussure, et quelques silex : mais il est presque entièrement formé d'une pierre à chaux compacte, quelquefois siliceuse. On observe dans le rocher des fentes multipliées d'un demi-pouce à un pouce de diamètre, et de sept à huit pouces, et quelquefois de plus d'un pied de longueur sur la même profondeur. Ces espèces de sillons suivent en général la direction du N. au S. Il me paroît difficile d'en expliquer la formation.

On voit encore çà et là une espèce de *grès*, dont la pâte calcaire est très-abondante.

La plus grande élévation de la montagne de Vaucluse est de 336 toises sur la mer. Cette mesure barométrique ne diffère que d'une toise de celle que j'avois déjà prise.

En voyant les échancrures, ou plutôt les antres nombreux rangés sur la même ligne, qui à une certaine hauteur ceignent pour ainsi dire le vallon de Vaucluse, le naturaliste se demandera la raison de leur formation. Je l'ai ignorée jusqu'au moment où étant parvenu avec beaucoup de peine dans un de ces antres, j'aperçus quelques cailloux roulés, les uns calcaires, les autres quatzeux, qui étoient attachés dans la partie supérieure de la voûte par une espèce de ciment beaucoup moins dur que le rocher. Parcourant ensuite, avec une bonne lunette, les cavités inaccessibles, j'aperçus çà et là des traces du même ciment et quelques cailloux qui en ressortoient. Depuis cette époque, étant entré dans une grotte située à la gauche du vallon, à une hauteur d'environ 80 toises, j'y ai trouvé encore des cailloux empâtés dans une espèce de grès assez friable.

Dès-lors j'attribuai la formation de ces

cavités, remplies anciennement des matières dont je viens de parler, à l'absence des pierres et du ciment, que le gel, les pluies, le vent et les oiseaux de proie, en avoient détaché.

Je n'ai pas été peu surpris de trouver dans le sein de la montagne de Vaucluse, des cailloux roulés quartzeux et granitiques, mélangés avec du sable siliceux et formant une espèce de poudingue peu consistant, enveloppé par le calcaire compacte qui s'élève quelquefois à sept ou huit cents pieds au-dessus de ces substances hétérogènes. Ces cailloux n'auroient-ils pas été charriés par les eaux à une époque où la montagne de Vaucluse étoit beaucoup moins élevée, et n'y auroient-ils pas été enfermés ensuite par d'autres dépôts calcaires ? et l'éboulement auquel on peut attribuer l'origine du vallon au fond duquel est située la Fontaine, ne les auroit-il pas mis à découvert ?

Voilà des faits ; mais quelle conclusion pouvons-nous en tirer ? Aucune de plausible, peut-être ; si ce n'est que notre globe a éprouvé des catastrophes et des bouleversemens dont la cause seroit inexplicable, si nous n'admettions pas une révolution qu'on ne peut attribuer qu'à un déluge survenu tout à coup, et à une prompte retraite des eaux. Avec ce secours seul, on peut expliquer un grand nombre de phénomènes géologiques que nous ne pourrions raisonnablement attribuer à d'autres causes.

Lorsqu'on se laisse entraîner par une imagination ardente, on croit souvent faire de grandes découvertes en géologie, et donner la solution des difficultés les plus épineuses. Ce défaut si commun n'étoit point celui du voyageur Pallas, ni du savant de Saussure. Ce dernier, après avoir passé la moitié de sa vie à observer les Alpes, publia un des meilleurs ouvrages de géologie que nous possédions, dans lequel il conclut avec autant de sagesse que de modestie :

« Qu'on peut presque assurer qu'il n'y a dans les montagnes rien de constant que leur variété....

» Mais qu'un fait que l'on observe sans aucune exception, ce sont les amas de débris sous la forme de blocs, de brèches, de poudingues, de grès, de sables, ou amoncelés et formant des montagnes ou des collines, ou dispersés sur le bord extérieur, ou même dans les plaines qui bordent la chaîne des Alpes, et qui attestent ainsi la subite et violente retraite des eaux.

» Nous voyons donc dans les Alpes la preuve certaine de la catastrophe ou de la dernière scène des révolutions de notre globe; mais nous ne voyons que des indices fugitifs et problématiques des actes précédens. »

Collines des environs de Vaucluse.

Les collines qui s'appuient contre nos montagnes calcaires plus anciennes, ou qui les entourent quelquefois, sont formées par les débris calcaires, et par l'argile, le sable et le grès, tantôt mélangés, tantôt à couches distinctes. On rencontre fréquemment, dans les petits vallons de Vaucluse, des couches d'un *grès tendre* à pâte *calcaire*, dans lesquelles on trouve des noyaux de *silex*. Ce grès est couvert çà et là d'une terre végétale très-maigre. La hauteur des collines qui pourroient être désignées sous le nom de *tertiaires*, est peu considérable aux environs de Vaucluse; mais elles s'élèvent du côté du N. E., et forment une espèce d'amphithéâtre en s'appuyant contre la montagne calcaire d'une formation plus ancienne, où l'on trouve des carrières de plâtre, dans lesquelles on peut faire une assez jolie collection de *chaux sulfatée en masse, spéculaire, cuneiforme, striée, cariée*, etc.

Cailloux roulés de la plaine.

Presque tous les cailloux qu'on voit sur le sol stérile, situé entre Réalpanier et Morières, ainsi que sur le côteau qu'on traverse pour aller de ce dernier village à Gadagne, sont formés par un *quartz écailleux* qui ressemble à un grès dur. Il est très-difficile de prononcer s'ils sont une espèce de grès ou de quartz grenu.

« Ces cailloux, dit de Saussure, sont presque tous d'un *quartz dur, fragile, écailleux*, semblables aux *grès de Santa Croce;* ils sont presque translucides, prennent à l'air une teinte fauve. Leur cassure est d'un brillant plus ou moins vif. Ils ne font point effervescence avec l'acide nitrique. »

» Parmi les cailloux de *quartz*, on voit
quelques fragmens de *bazalte noir* de la
même nature que ceux de Rochemaure en
Vivarais, et qui en viennent très-vraisemblablement. Ce n'est pas seulement à la sur-
ce du terrain qu'on voit les fragmens de
zalte, on en voit aussi dans les couches
plus profondes de ces amas de cailloux.
n'est donc pas le Rhône actuel qui les
ransportés là ; ils y sont venus par des
volutions beaucoup plus anciennes. »

» On voit aussi parmi ces cailloux quel-
es petites pierres calcaires, et en parti-
lier quelques amas de *strombites*, tels
e ceux qu'on trouve sur les bords de la
urance. »

» Je me suis souvent demandé, d'où a
venir cette immense quantité de cail-
ux de *quartz* que l'on trouve accumulée
ns la vallée du Rhône, depuis les plaines
ui sont entre Lyon et le Jura, jusqu'à
vignon et plus bas encore ; car ces mê-

mes *quartz* font au moins les sept huitiè-
mes des cailloux roulés qui couvrent l
grande plaine de la Crau. L'origine de ce
cailloux est d'autant plus difficile à déter
miner, que dans toutes les montagnes q
bordent le Rhône, même dans les chaîn
attenantes à ces montagnes, on n'en co
noît aucune d'une certaine étendue qui
en entier de cette pierre, on n'y voit
même des *grès* durs non effervescens

» Je demande encore, continue de
sure, si les couches et les collines de gr
qu'on voit auprès de la ville d'Orange
qui, à la vérité, sont beaucoup plus te
dres et liés par un gluten *calcaire*, ne se
roient point les débris de quelques mo
tagnes renversées et brisées par les de
nières révolutions de notre globe. Ce q
donneroit quelque probabilité à cette co
jecture, ce sont les rochers culbutés
grès dur non effervescens que M. Guett
a observés en montant de Pierrelatte

St. Paul-Trois-Châteaux. Comme ces rochers sont dans un état de destruction, il est bien possible qu'il en ait existé d'autres qui sont entièrement détruits. »

Je joins ici le nom de quelques autres pierres qui se trouvent avec les *quartz*, et dont M. de Saussure n'a point parlé. J'observe avec lui que le quartz écailleux forme plus des neuf dixièmes de nos cailloux roulés.

ROCHES DE CORNE *verdâtres.*
schisteuses.
en masse.

PORPHYRES *petrosiliceux à grains de quartz.*

JASPES *rougeâtres.*
jaunâtres.

PIERRE DE TOUCHE *d'un gris bleuâtre foncé.*

GRANITS.

PIERRES CALCAIRES.

SILEX.

PETROSILEX.

SCHISTES.

HORNBLENDES.

SERPENTINES.

VARIOLITES *plus ou moins décomposées et de différentes couleurs.*

Cailloux roulés de la Durance.

J'ai dit (page 2) qu'en allant d'Avignon à Vaucluse, par la route qui passe à Caumont, on cotoyoit quelque temps la Durance. Le Naturaliste lira sans doute avec plaisir la description des cailloux roulés les plus remarquables qu'on peut ramasser dans le lit de cette rivière, je n'ai presque rien à ajouter à ce que dit M. de Saussure.

VARIOLITE *de la Durance.*

» On a beaucoup varié sur la nature de cette pierre. M. Feber paroît avoir rencontré le plus juste, lorsqu'il a dit que sa base étoit la même que celle de l'*ophite* ou *serpentino verde antico* des Italiens.... »

» On devroit donc donner à cette pierre le nom d'*ophibase* ou de base de l'*ophite*... »

» Les grains de la *variolite* sont d'une forme plus ou moins arrondie, inégale et comme mammelonnée par dehors ; leur diamètre varie depuis cinq ou six lignes jusqu'à un quart de ligne. Leur couleur est d'un blanc verdâtre. Leur cassure présente des lames triangulaires qui convergent au centre des grains ; leur couleur est assez brillante, mais leur éclat a quelque chose de gras. Ils sont un peu moins que demi-transparens.... »

» On voit quelques-uns de ces grains entourés de deux zones, l'une blanche, l'autre verte, qui prouvent que la cristallisation du grain a été interrompue ; mais qu'ensuite elle a repris son cours. Les grains ont tous les caractères du *feld-spath* gras.... »

» On voit des *variolites* qui ne renferment presque point de grains, quelquefois on ne trouve que la base de cette pierre.... Enfin on trouve des *poudingues* composés de fragmens de *variolites*, les uns roulés, d'autres anguleux réunis par une pâte composée de la matière de la base et de celle des grains de la *variolite*. Ces deux substances sont mêlées et entrelacées comme le seroient deux matières visqueuses que l'on auroit pétries ensemble en différens sens, car la pâte de *feld-spath* ne donne là aucune indice de cristallisation. Il faut donc que ces masses de *variolite* aient été rompues, que quelques-uns de leurs fragmens aient été arrondis, et que ces fragmens arrondis, mêlés avec d'autres qui ne l'étoient pas, aient été réunis dans le lieu même où se formoit la *variolite*, et dans des circonstances qui s'opposoient à la cristallisation nécessaire pour la formation des grains. »

» On voit fréquemment dans la pâte de ces *variolites*, des grains de pyrite sulfureux et brillans ; on sait que M. de la Tourette y a trouvé des lames d'argent natif. »

Je vais ajouter maintenant aux observations de M. de Saussure sur les variolites, celles que j'ai publiées en 1801 dans le Journal d'Histoire naturelle de Bordeaux.

M. de Faujas, dans son *Histoire naturelle du Dauphiné*, parle des blocs de *variolite* qu'il a observés au-dessus du village de Servières, à deux lieues de Briançon ; mais il paroît que cet habile géologue n'a pas vu, comme moi, la montagne d'où ils se sont détachés. En 1799, je remontai le torrent de Servières, je vis les blocs dont parle M. de Faujas, mais je n'en observai plus après avoir dépassé un hameau nommé Serres-les-galant. Je présumai alors que ces pierres devoient s'être détachées de quelque montagne voisine. En effet j'en trouvai des blocs roulés, en remontant un ravin sur la droite du torrent. Je fus, en suivant ce ravin, jusqu'à Lachaud et aux Faches, petits hameaux bâtis presque en entier avec la *variolite*, sur un sol de la même substance. Le chaînon de montagne qui est formé de cette pierre, se prolonge dans la direction du mont Genièvre, à une hauteur de plus de 1100 toises d'élévation sur le niveau de la mer. Ici on voit une espèce de *serpentine* verte, légèrement pyriteuse, quelquefois micacée, mélangée avec du *feld-spath*; là, avec de la *hornblende* et du *feld-spath* (les cristaux de celui-ci sont plus ou moins bien prononcés); on suit toutes les variations de ses formes depuis celles d'un cristal, jusqu'à la figure globuleuse. La montagne qui les renferme est formée tantôt par les *variolites*, tantôt par la *hornblende* et le *feld-spath*, quelquefois par l'*ophibase* de Saussure. On trouve dans les environs des granits qui se décomposent, et de superbes blocs d'une pierre *serpentineuse* d'un verd noirâtre, remplie de lames de *schillerspath*.

Outre les variolites, on trouve dans le lit de la Durance les cailloux suivans :

PORPHYRES *verts.*
rouges.
noirs.
bruns.
gris.
SCHISTES *porphyriques.*
LAVES ROUGES *porphyriques.*
GRANITS *d'hornblende et de feld-spath.*
SCHISTES *d'hornblende et de feld-spath.*
GRANITS *de jade et de smaragdite.*
GRÈS *verts.*
POUDINGUES *petrosiliceux.*
PIERRES CALCAIRES *coquillières.*
PIERRES CALCAIRES *grenues coquillières.*
PIERRES CALCAIRES *compactes rayées.*

La Chartreuse de Bon-Pas est située

près de la Durance , sur le revers d'une colline , composée de grès très-tendre.

L'espace qui sépare Avignon des bords de la Durance, renferme une plaine extrêmement fertile et bien cultivée. On y voit très-peu de cailloux roulés ; le limon que le Rhône et la Durance ont déposé sur les terres, les a nivelées et fertilisées, en recouvrant les pierres que les anciennes révolutions avoient charriées là comme sur les autres plaines de ce pays.

FLORE

DES ENVIRONS DE VAUCLUSE.

Je joins ici le Catalogue des plantes qui ont été trouvées en grande partie par M. Requien, naturaliste avantageusement connu dans l'Europe savante, à un âge où les réputations sont si rares. Ce Catalogue, classé d'après la méthode de Linné, beaucoup plus complet que celui publié dans la première édition de cet Ouvrage, renferme près de 700 plantes qu'on trouve dans une étendue de 4 à 500 toises, en allant du village à la Source, sans s'écarter beaucoup du sentier qui y conduit.

Classis I. MONANDRIA.

Monogynia.

HIPPURIS *vulgaris*. Variet. *fluitans*.

Digynia.

CALLITRICHE *sessilis*. Decandolle.

Classis II. DIANDRIA.

Monogynia.

JASMINUM *fruticans*.
LIGUSTRUM *vulgare*.
PHILLYREA *angustifolia*.
VERONICA *beccabunga*.
anagallis.
prostrata.
arvensis.
agrestis.
hederæfolia.
GRATIOLA *officinalis*.
VERBENA *officinalis*.

LYCOPUS *europæus.*
ROSMARINUS *officinalis.*
SALVIA *verbenaca.*
pratensis.
sclarea.
æthiopis.

Digynia.

ANTHOXANTHUM *odoratum.*

Classis III. TRIANDRIA.

Monogynia.

VALERIANA *angustifolia.* Allioni.
calcitrapa.
tuberosa.
VALERIANELLA *echinata.* Dec.
pumila. Dec.
microcarpa. Loiseleur.
coronata. Dec.
POLYCNEMUM *arvense.*
GLADIOLUS *communis.*
IRIS *germanica.*

IRIS *pseudo-acorus.*
CYPERUS *longus.*
SCIRPUS *holoschœnus.*
maritimus.
NARDUS *aristata.*

Digynia.

PHALARIS *phleoides.*
PHLEUM *nodosum.*
PANICUM *verticillatum.*
glaucum.
crus-galli.
PASPALUM *sanguinale.* Dec.
ALOPECURUS *agrestis.*
AGROSTIS *canina.*
minima.
AIRA *cærulea.*
cristata.
caryophyllea.
MELICA *ciliata.*
setacea. Persoon.
BRIZA *media.*
POA *trivialis.*

POA *annua.*
eragrostis.
megastachya. Dec.
pilosa.
rigida.
bulbosa.
DACTYLIS *glomerata.* Var. *hispanica.*
CYNOSURUS *durus.*
FESTUCA *phœnicoides.*
fluitans.
elatior.
duriuscula.
glauca.
phleoides.
bromoides.
ciliata. Dec.
cespitosa. Desfontaines.
BROMUS *mollis.*
racemosus. Schrod.
squarrosus. Var. *pubescens.*
pratensis. Lamarck.

BROMUS *arvensis.*
tectorum.
rubens.
madritensis.
STIPA *capillata.*
juncea.
AVENA *elatior.*
sativa.
pubescens.
flavescens.
bromoides.
ARUNDO *donax.*
colorata. Wildenow.
LOLIUM *arvense.* Smith.
perenne.
temulentum.
HORDEUM *murinum.*
TRITICUM *unilaterale.*
nardus. Dec.
repens.

Trigynia.

HOLOSTEUM *umbellatum.*
POLYCARPON *tetraphyllum.*

Classis IV. TETRANDRIA.

Monogynia.

GLOBULARIA *alypum.*
cordifolia.
nana.
DIPSACUS *sylvestris.*
SCABIOSA *leucantha.*
arvensis.
columbaria.
stellata.
SCHERARDIA *arvensis.*
ASPERULA *arvensis.*
cynanchica.
GALIUM *palustre.*
mollugo.
rigidum. Villars.
bocconi. All.

GALIUM *pumilum*. Lam. (1)
pubescens. Requien.
tricorne. Sm.
aparine.
parisiense.
verticillatum. Lois.
verum.

CRUCIANELLA *angustifolia*.

RUBIA *peregrina*.

PLANTAGO *major*.
media.
lanceolata.
altissima. All.
lagopus.
coronopus.
psyllium.
cynops.

---

(1) Cette espèce a été nommée par Villars *galium hypnoides*. Cet auteur et tous les autres après lui ont confondu cette plante avec le *galium pyrenaicum* de Gouan, quoiqu'elle en soit très-différente.

SANGUISORBA *officinalis.*

CORNUS *sanguinea.*

CAMPHOROSMA *monspeliensis.*

Digynia.

BUFFONIA *tenuifolia.*

Tetragynia.

POTAMOGETON *perfoliatum.*
densum.
lucens.
crispum.
pectinatum.
pusillum.

SAGINA *apetala.*

Classis V. PENTANDRIA.

Monogynia.

HELIOTROPIUM *europæum.*

MYOSOTIS *arvensis.* Lam.
palustris. Lam.
apula.

LITHOSPERMUM *arvense.*
officinale.
fruticosum.
ANCHUSA *italica.*
CYNOGLOSSUM *pictum.* W.
cheirifolium.
SYMPHITUM *officinale.*
ECHIUM *italicum.*
vulgare.
LYSIMACHIA *vulgaris.*
linum stellatum.
ANAGALLIS *arvensis.*
PLUMBAGO *europæa.*
CONVOLVULUS *arvensis.*
sepium.
lineatus. V. *intermedius.* Lois.
cantabrica.
CAMPANULA *rotundifolia.*
medium.
speculum.
hybrida.
erinus.

JASIONE *montana.*

VIOLA *odorata.*

hirta.

arvensis. Mur.

CORIS *monspeliensis.*

VERBASCUM *phlomoides.*

pulverulentum. Vill.

sinuatum.

blattaria.

HYOSCYAMUS *albus.*

SOLANUM *dulcamara.*

villosum. Lam.

LYCIUM *europæum.*

CHIRONIA *pulchella.* Schwartz.

centaurium. Sm.

spicata. W.

RHAMNUS *infectorius.*

alaternus.

HEDERA *helix.*

VITIS *vinifera.* V. *sylvestris.*

VINCA *major.*

Digynia.

Asclepias *vincetoxicum.*
Herniaria *glabra.*
hirsuta.
Chenopodium *murale.*
viride.
Ulmus *campestris.*
Velezia *rigida.*
Eryngium *campestre.*
Buplevrum *junceum.*
odontites.
Caucalis *grandiflora.*
platycarpos.
daucoides.
anthriscus. W.
nodosa. W.
Daucus *carota.*
Bunium *bulbocastanum.*
Peucedanum *silaus.*
Sium *nodiflorum.*
Oenanthe *peucedanifolia.* Pollich.
Aethusa *bunius.* W.

SCANDIX *pecten.*

australis.

SESELI *elatum.*

tortuosum.

ANETHUM *feniculum.*

APIUM *graveolens.*

PIMPINELLA *tragium.* Vill.

dioica.

Trigynia.

RHUS *cotinus.*

SAMBUCUS *ebulus.*

nigra.

TELEPHIUM *imperati.*

Pentagynia.

LINUM *usitatissimum.*

narbonense.

tenuifolium.

maritimum.

strictum.

Classis VI. HEXANDRIA.

Monogynia.

APHYLLANTHES *monspeliensis.*

Allium *rotundum.*
moschatum.
oleraceum.

Ornithogalum *umbellatum.*

Scilla *autumnalis.*

Asparagus *tenuifolius.*

Muscari *comosum.* Miller.
racemosum. Mill.

Juncus *glaucus.* W.
articulatus.
sylvaticus. All.

Berberis *vulgaris.*

Trigynia.

Rumex *nemolapathum.*
pulcher.
aquaticus.
scutatus.
multifidus.

Polygynia.

Alisma *plantago.*

Classis VIII. OCTANDRIA.

Monogynia.

OENOTHERA *biennis.*

EPILOBIUM *angustissimum.* W.

pubescens. W.

CHLORA *perfoliata.*

Trigynia.

POLYGONUM *amphibium.*

lapathifolium. Aiton.

persicaria.

hydropiper.

aviculare.

bellardi. All.

convolvulus.

Classis X. DECANDRIA.

Monogynia.

RUTA *angustifolia.* Pers.

montana. Vill.

TRIBULUS *terrestris.*

Digynia.

Saxifraga *tridactylites.*
Gypsophila *saxifraga.*
Saponaria *officinalis.*
vaccaria.
Dianthus *prolifer.*
caryophyllus.

Trigynia.

Silene *nocturna.*
italica. Dec.
conica.
saxifraga.
Stellaria *media.* Sm.
Arenaria *tetraquetra.*
serpyllifolia.
mucronata. Dec.
rubra.

Pentagynia.

Cotyledon *umbilicus.*
Sedum *dasyphyllum.*
reflexum.

SEDUM *anopetalum.* Dec.
album.
acre.
LYCHNIS *dioica.*
CERASTIUM *vulgatum.*
viscosum.
semi-decandrum.
laricifolium. Vill.

Classis XI. DODECANDRIA.

Monogynia.

LYTHRUM *salicaria.*
hyssopifolia.

Digynia.

AGRIMONIA *eupatoria.*

Trigynia.

RESEDA *phyteuma.*
lutea.
EUPHORBIA *chamæsyce.*
retusa. Cav.

EUPHORBIA *peploides*. Gouan.
helioscopia.
serrata.
falcata.
segetalis.
gerardiana. Jacq.
cyparissias.
characias.

Classis XII. ICOSANDRIA.

Monogynia.

PUNICA *granatum*.
AMYGDALUS *communis*.
PRUNUS *spinosa*.

Digynia.

CRATAEGUS *monogyna*. Jacq.

Polygynia.

ROSA *canina*.
sepium. Thuil.
sempervirens.

POTENTILLA *hirta.*
verna.
reptans.
subacaulis.
GEUM *urbanum.*

Classis XIII. POLYANDRIA.

Monogynia.

CHELIDONIUM *majus.*
glaucium.
corniculatum.
hybridum.
PAPAVER *rhœas.*
hybridum.
argemone.
CISTUS *albidus.*
salvifolius.
monspeliensis.
HELIANTHEMUM *fumana.* Dec.
œlandicum. Dec.
salicifolium. Dec.

HELIANTHEMUM *vulgare*. Dec.
glutinosum. Dec.
hirtum. Dec.
pulverulentum. Dec.

Trigynia.

DELPHINIUM *consolida*.
ambiguum.
NIGELLA *arvensis*.
damascena.

Poligynia.

CLEMATIS *flammula*.
vitalba.
ADONIS *annua*. Dec.
RANUNCULUS *ficaria*.
sceleratus.
bulbosus.
repens.
acris.
arvensis.
falcatus.
HELLEBORUS *fœtidus*.

Classis XIV. DIDYNAMIA.

Gymnospermia.

AJUGA *reptans.*
chamæpitys.
TEUCRIUM *chamædrys.*
montanum.
polium.
aureum. Cav.
SATUREIA *hortensis.*
montana.
NEPETA *lanceolata.* Lam.
LAVANDULA *latifolia.* Vill.
spica.
SIDERITIS *romana.*
hirsuta.
MENTHA *rotundifolia.*
aquatica.
pulegium.
LAMIUM *incisum.* W.
amplexicaule.

GALEOPSIS *ladanum*.
STACHYS *annua*.
recta.
germanica.
BALLOTA *nigra*.
MARRUBIUM *vulgare*.
PHLOMIS *lychnitis*.
CLINOPODIUM *vulgare*.
ORIGANUM *creticum*.
THYMUS *serpyllum*.
vulgaris.
MELISSA *nepeta*.
calamintha.
PRUNELLA *vulgaris*.
pinnatifida. Pers.

Angiospermia.

ANTIRRHINUM *elatine*.
spurium.
supinum.
alpinum.
monspessulanum.
minus.

ANTIRRHINUM *majus.*

latifolium. Mill.

SCROPHULARIA *aquatica.*

canina.

OROBANCHE *caryophyllacea.* Sm.

Classis XV. TETRADYNAMIA.

Siliculosa.

MYAGRUM *rugosum.*

paniculatum.

saxatile.

BUNIAS *erucago.*

ISATIS *tinctoria.*

DRABA *verna.*

LEPIDIUM *petræum.*

graminifolium.

THLASPI *perfoliatum.*

bursa pastoris.

COCHLEARIA *draba.*

IBERIS *pinnata.*

linifolia.

ALYSSUM *maritimum.* Lam.
calycinum.
campestre.
montanum.
CLYPEOLA *jonthlaspi.*
BISCUTELLA *lævigata.*

Siliquosa.

CARDAMINE *hirsuta.*
pratensis.
SISYMBRIUM *murale.*
tenuifolium.
sophia.
irio.
loeselii.
ERYSIMUM *officinale.*
alliaria.
cheiranthoides.
CHEIRANTHUS *cheiri.*
HESPERIS *hieracifolia.* Vill.
inodora.
verna.
ARABIS *thaliana.*

ARABIS *stricta.* W.

TURRITIS *hirsuta.*

BRASSICA *eruca.*

SINAPIS *nasturtiifolia.* Lam.

incana.

RAPHANUS *raphanistrum.*

Classis XVI. MONADELPHIA.

Pentandria.

ERODIUM *romanum.* W.

ciconium. W.

cicutarium. W.

malacoïdes. W.

Decandria.

GERANIUM *pyrenaicum.*

molle.

rotundifolium.

dissectum.

robertianum.

Polyandria.

ALTHAEA *hirsuta.*

Althaea *cannabina.*
Malva *rotundifolia.*
sylvestris.

Classis XVII. Diadelphia.

Fumaria *officinalis.*
parviflora. Lam.
spicata.
Spartium *junceum.*
Genista *tinctoria.*
Ononis *antiquorum.*
repens.
minutissima.
columnæ. All.
natrix.
Anthyllis *montana.*
vulneraria.
Lathyrus *aphaca.*
cicera.
angulatus.
pratensis.
sylvestris.

VICIA *cracca.*
sativa.
lathyroides.
peregrina.
lutea.
hybrida.
CYTISUS *sessilifolius.*
CORONILLA *emerus.*
minima.
varia.
ORNITHOPUS *scorpioides.*
HIPPOCREPIS *multisiliquosa.*
SCORPIURUS *subvillosa.*
ONOBRYCHIS *supina.* Dec.
caput galli. Dec.
ASTRAGALUS *hamosus.*
stella.
monspessulanus.
incanus.
PSORALEA *bituminosa.*
TRIFOLIUM *mauritanicum.* W.
album. Lois.

TRIFOLIUM *repens.*
lappaceum.
pratense.
angustifolium.
stellatum.
scabrum.
suffocatum.
fragiferum.
campestre. Schreb.
LOTUS *siliquosus.*
corniculatus.
DORYCHNIUM *suffruticosum.* Vill.
TRIGONELLA *monspeliaca.*
fœnum-græcum.
MEDICAGO *sativa.*
lupulina.
orbicularis. All.
coronata. Lam.
apiculata. W.
gerardi. W.
rigidula. All.
minima. W.

Classis XVIII. Polyadelphia.

Hypericum *quadrangulum.*
perforatum.

Classis XIX. Syngenesia.

Polygamia æqualis.

Tragopogon *pratense.*
porrifolium.
dalechampii.
picroides.
Scorzonera *laciniata.*
Picridium *vulgare.* Desf.
Sonchus *arvensis.*
oleraceus.
tenerrimus.
Lactuca *saligna.*
perennis.
Chondrilla *juncea.*
Prenanthes *muralis.*
viminea.

PRENANTHES *hieracifolia.* W.
TARAXACUM *officinale.* Vill.
LEONTODON *villarsii.* Lois.
hirtum.
autumnale.
PICRIS *hieracioides.*
HELMINTIA *echioides.* W.
HIERACIUM *pilosella.*
murorum.
CREPIS *nemausensis.* Gouan.
taraxacifolia. Thuil.
fœtida.
TOLPIS *barbata.* W.
HYOSERIS *rhagadioloides.*
HYPOCHAERIS *radicata.*
LAPSANA *communis.*
RHAGADIOLUS *stellatus.* W.
CATANANCHE *cærulea.*
CICHORIUM *intybus.*
SCOLYMUS *hispanicus.*
ARCTIUM *lappa.*
CARDUUS *acanthoides.*

CARDUUS *tenuiflorus*. Sm.

CNICUS *monspessulanus*. W.

lanceolatus. W.

acarna.

ferox.

arvensis. Hoffm.

ONOPORDON *acanthium*.

illyricum.

CARLINA *corymbosa*.

vulgaris.

CARTHAMUS *lanatus*.

EUPATORIUM *cannabinum*.

CHRYSOCOMA *linosyris*.

Polygamia superflua.

ARTEMISIA *campestris*.

GNAPHALIUM *stœchas*.

germanicum. Lam.

arvense. Lam.

XERANTHEMUM *inapertum*. W.

CONYZA *squarrosa*.

sordida.

ERIGERON *acre*.

ERIGERON *canadense.*

SENECIO *vulgaris.*

squalidus.

erucæfolius.

doria.

SOLIDAGO *virga aurea.*

CINERARIA *maritima.*

INULA *dyssenterica.*

squarrosa.

montana.

BELLIS *perennis.*

CHRYSANTHEMUM *leucanthemum.*

montanum.

corymbosum.

ANTHEMIS *saxatilis.* Dec.

arvensis.

ACHILLEA *ptarmica.*

millefolium.

tomentosa.

BUPHTHALMUM *spinosum.*

aquaticum.

Polygamia frustranea.

CENTAUREA *crupina.*
conifera.
jacea.
pectinata.
cyanus.
paniculata.
scabiosa.
solstitialis.
calcitrapa.
collina.

Polygamia necessaria.

CALENDULA *arvensis.*
MICROPUS *erectus.*

Polygamia segregata.

ECHINOPS *ritro.*

Classis XX. GYNANDRIA.

Diandria.

ORCHIS *laxiflora.* Lam.
latifolia.

SERAPIAS *rubra.*

Hexandria.

ARISTOLOCHIA *pistolochia.*
clematitis.

Polyandria.

ARUM *italicum.* Lam.

Classis XXI. MONOECIA.

Triandria.

TYPHA *angustifolia.*
CAREX *vulpina.*
divulsa. Good.
schreberi. W.
distans.
panicea.
riparia. Curt.
præcox. Jacq.
hirta.

Tetrandria.

BUXUS *sempervirens.*

Urtica *pilulifera.*
urens.
dioica.

Xanthium *strumarium.*

Amaranthus *blitum.*
sylvestris. Desf.

Polyandria.

Poterium *sanguisorba.*

Quercus *ilex.*
coccifera.
robur.

Classis XXII. Dioecia.

Diandria.

Salix *alba.*
vitellina.
riparia. W.
caprea.

Triandria.

Osyris *alba.*

Pentandria.

PISTACIA *terebinthus.*

Hexandria.

SMILAX *aspera.*

Octandria.

POPULUS *nigra.*

Enneandria.

MERCURIALIS *annua.*

Monadelphia.

JUNIPERUS *communis.*
oxycedrus.
phœnicea.

Classis XXIII. POLYGAMIA.

Monœcia.

ANDROPOGON *ischæmum.*
HOLCUS *mollis.*
LAPPAGO *racemosa.* W.
ECHINARIA *capitata.* Desf.
AEGILOPS *ovata.*

Aegilops *triuncialis.*
Valantia *muralis.*
Parietaria *officinalis.*
Fraxinus *excelsior.*

Dioecia.

Ficus *carica.*

Classis XXIV. Cryptogamia.

Filices.

Equisetum *arvense.*
Asplenium *scolopendrium.*
ceterach.
trichomanes.
ruta muraria.
vallis-clausæ. Guerin. (1)

---

(1) J'avois nommé, dans la première édition de cet Ouvrage, cette espèce encore inconnue et dont je n'avois pas bien vu les parties de la fructification *Polypodium Petrarchæ*, mais je suis convaincu aujourd'hui

ASPLENIUM *adiantum nigrum.*

ACROSTICHUM *septentrionale.*

POLYPODIUM *vulgare.*

fontanum.

ADIANTUM *capillus Veneris.*

Musci.

PHASCUM *crispum.* Hedw.

GYMNOSTOMUM *aquaticum.* Dec.

pyriforme. Hedw.

truncatum. Brid.

microstomum. Brid.

TETRAPHIS *pellucida.* Hedw.

ENCALYPTA *vulgaris.* Brid.

---

qu'elle est un *Asplenium.* Cette plante a été trouvée ensuite par MM. de Suffren et Requien, en Provence, près de la ville de Salon, sur des rochers humides.

ASPLENIUM *Vallis-Clausæ.* A. *frondibus pinnatis ; pinnis subpinnatifidis, foliis petiolisque ciliatis glandulosis serratis.*

A. *glandulosum.* Loiseleur. *flor. gallic.*

GRIMMIA *crinita*. Brid.
apocaula. Dec.
WEISSIA *rupestris*. Brid.
PTERIGYNANDRUM *sciuroides*. Brid.
DICRANUM *scoparium*. Hedw.
pulvinatum. Brid.
ovatum. Brid.
TRICHOSTOMUM *fontinaloides*. Hedw.
TORTULA *rigida*. Hedw.
muralis. Hedw.
tortuosa. Brid.
subulata. Hedw.
ruralis. Hedw.
ORTHOTRICHUM *striatum*. Hedw.
FUNARIA *hygrometrica*. Hedw.
BRYUM *argenteum*.
annotinum. Hedw.
cespiticium.
capillare.
ligulatum. Schreb.
BARTHRAMIA *fontana*. Dec.
LESKEA *complanata*. Brid.

LESKEA *sericea.* Hedw.
dendroides. Hedw.
HYPNUM *prælongum.*
cordifolium Hedw.
filicinum.
crista-castrensis.
cupressiforme.
rutabulum.
lutescens.
myurum. Brid.
alopecurum.
rusciforme. Brid.
riparium.
clausæ vallis. Guérin.
NECKERA *crispa.* Hedw.
FONTINALIS *antipyretica.*

Hepaticæ.

JUNGERMANNIA *platyphylla.*
tamarisci.
TARGIONIA *hypophylla.*
MARCHANTIA *polymorpha.*

Lichenes.

Lepra *jolitha ?* Ach.
Cladonia *rangiferina.* Dec.
Scyphophorus *pyxidatus.* Dec.
convolutus. Dec.
Patellaria *parasema.* Dec.
subfusca. Dec.
Urceolaria *scruposa.* Dec.
ocellata. Dec.
Squammaria *crassa.* Dec.
lentigera. Dec.
Placodium *fulgens.* Dec.
candelarium. Dec.
murorum. Dec.
Rhizocarpon *geographicum.* Dec.
Opegrapha *dispersa.* Dec.
Verrucaria *galactites.* Dec.
Collema *nigrum.* Dec.
fasciculare. Dec.
crispum. Dec.
nigrescens. Dec.
Imbricaria *stellaris.* Dec.

IMBRICARIA *retiruga.* Dec.
parietina. Dec.
olivacea. Dec.
PHYSCIA *ciliaris.* Dec.
PELTIGERA *canina.* Dec.
saccata. Dec.
ENDOCARPON *miniatum.* Dec.

Algæ.

CONFERVA *fluviatilis.*
rivularis.
bullosa.
glomerata.

Fungi.

AGARICUS *campestris.*
alneus.
BOLETUS *versicolor.*

Observations sur quelques Plantes du Département de Vaucluse.

M. Requien a observé dans ce Département plusieurs plantes rares, mal décrites, ou nouvelles. En voici quelques-unes de ce nombre que j'ai cru devoir placer ici, parce qu'on pourroit les trouver dans les environs de Vaucluse.

CORISPERMUM *hyssopifolium*. L. ?

C. *caule basi ramoso erecto, foliis linearibus subcarnosis glabris, floribus spicatis, bracteis ovatis pubescentibus.*

Cette plante, très-commune sur les bords de la Durance, fleurit à la fin de l'été, et devient rougeâtre après la fleuraison. Ses feuilles épaisses, ses bractées velues, et ses fleurs en épis serrés paroissent la distinguer du C. *hyssopifolium* de Linné. La description du *squarrosum* dans l'Encyclopédie, lui conviendroit assez ; mais elle n'a pas d'épis axillaires. Annuelle.

SALVIA *clandestina*. L.

Elle se trouve dans les terrains humides à Avignon.

VALERIANA *saliunca*. Poiret. *Encycl.* Dufresne. *Dissert. pag.* 47.

V. *cespitosa, radice crassa, foliis radicalibus lanceolatis obtusis, caulinis basi pinnatifidis, laciniis* 2-6 *acutis, floribus capitatis*. V. *celtica*. Vill. *dauph.*

Cette Valériane se trouve au Montventoux, près la Fontfiole, où elle fleurit à la fin de juin. Elle est intermédiaire entre les V. *saliunca* Allioni, et *globulariæ-folia*. Dec.; car elle a les feuilles radicales de la première, et celles de la tige de la seconde. Ce n'est point la plante d'Allioni, qui, d'après la figure et la description de cet auteur, et les échantillons que j'ai recueillis en Piémont, a les feuilles de la tige constamment entières. Elle diffère de la *globulariæfolia* par ses feuilles radicales, sessiles et lancéolées. Vivace.

CYPERUS *monti*. L.

Ce souchet se trouve abondamment dans les prés humides et les fossés, à Avignon.

LEERSIA *orizoides*. Willd.

Elle fleurit en été au bord de nos fossés.

AIRA *media*. Gouan. A. *juncea*. Villars.

Les échantillons de cette plante, que j'ai cueillis en Dauphiné et en Languedoc, n'ont que quelques pouces de hauteur; au bord de la Durance elle s'élève à un pied et même davantage. Alors sa panicule ressemble à celle de l'*aira cespitosa*, dont elle est très-distincte par ses feuilles.

ARUNDO *littorea*. Schrad. *fl. germ. pag.* 212. *t.* 4. *f.* 2.

A. *radice repente, panicula diffusa, calycibus acuminatis, arista termi-*

nali pilisque calycem æquantibus.

Sur les bords de la Durance.

SCABIOSA *collina*. Req.

S. *corollulis quadrifidis radiantibus, caule simplici subnudo, foliis radicalibus profunde pinnatifidis, hispidis.*

S. *foliis omnibus pinnatifidis hispidis, caule nudo non ramoso.* Hall. *enum.* 270. S. *arvensis purpurea.* Villars. *dauph. tom.* 2. *pag.* 292.

Cette scabieuse est vivace et croît sur toutes nos collines. Ses tiges sont nues et ne portent ordinairement qu'une tête de fleurs; on la trouve cependant à trois et rarement à sept. Si elle en a trois, le pédoncule du centre est beaucoup plus long que les deux autres qui sont divergens. Lorsqu'elle en a sept, ce que je n'ai vû qu'une fois, le pédoncule du centre est simple, et les deux axillaires portent chacun trois fleurs. Celles-ci sont grandes et rouges; elles paroissent en juin. Les feuilles sont radicales, découpées presque jusqu'à la nervure.

GALIUM *anisophyllum.* Villars. *dauph. t.* 2. *pag.* 317.

Cette espèce, commune sur le Mont-ventoux, se reconnoît au premier aspect à sa couleur jaune. Ses tiges sont couchées et ses feuilles lisses. Elle est très-différente du *Galium lœve.* Dec. qui croît aux environs d'Avignon; le nom de *flavescens* lui conviendroit mieux que celui que lui a donné M. Villars. Vivace.

GALIUM *pubescens.* Req.

G. *cespitosum, caulibus foliisque subsenis mucronatis pubescentibus, petalis acutis, fructu lœvi.*

Ce *Galium*, qu'on prendroit d'abord pour le *pumilum* Lam., en est très-distinct par ses tiges et ses feuilles pubescentes, et par le lieu où il croît. Le G. *pumilum* vient dans les Alpes et sur le Montventoux. Le *pubescens* se trouve dans les endroits chauds, à Vaucluse : je l'ai vu à Marseille, et je l'ai reçu de Catalogne. Il fleurit en mai. Vivace.

GALIUM *villarsii*. Req.

G. *caule ramoso prostrato, foliis subsenis linearibus muticis, lævibus, carnosis, petulis obtusis, fructu maximo.* G. *megalospermum.* Villars. *dauph. tom.* 2. *pag.* 319. *non* Allioni.

Ce *Galium*, que la grosseur de son fruit m'avoit d'abord fait prendre pour le *megalospermum* All., en diffère par ses feuilles lisses, charnues, et non terminées en pointe, par ses fleurs blanches et par son fruit beaucoup plus gros, qui acquiert jusqu'à une ligne de diamètre. La description de M. Villars lui convient. Il est vivace, et fleurit en juillet. Il se trouve parmi les pierres, autour de la Fontfiole, sur le Montventoux.

PLANTAGO *psyllium*. L.; et P. *arenaria*. Waldst.

Ces deux plantains ne sont point rares aux environs d'Avignon. Le premier fleurit au printemps, dans les terrains secs; il a par fois les feuilles entières. Le second paroît en été sur les chaussées, au bord du Rhône.

CYNOGLOSSUM *linifolium*. L. ?

Sa tige est simple, glabre, et se divise en deux ou trois rameaux au sommet; ses feuilles sont linéaires et lisses, ses calices sont hispides, ses corolles blanches et grandes. Je l'ai trouvé en fruit au mois de juin, entre Carpentras et Bédouin. M. Guérin l'a cueilli en fleurs au mois de mai dans le même lieu. Les exemplaires cultivés du C. *linifolium*, que j'ai en herbier, ont les feuilles linéaires-lancéolées et ciliées ; ma plante, au contraire, les a lisses, et larges à peine d'une ligne. Annuelle.

CONVOLVULUS *intermedius*. Lois. *suppl. pag.* 40.

C'est le C. *lineatus* venu dans un terrain humide et ombragé. On le trouve dans le bois de Fargues.

CHIRONIA *linarifolia*. Lois. *Gentiana linarifolia*. Lam.

Elle croît en abondance sur les bords de la Durance. Ses fleurs roses paroissent en août. Bisannuelle.

PIMPINELLA *tragium*. Vill. *Canescens*. Lois. *suppl. pag.* 47. *tab.* 4.

Cette plante, assez commune sur nos montagnes, où elle vient dans les fentes de rochers, commence par être herbacée; mais à mesure qu'elle vieillit, ses tiges s'allongent, se ramifient et deviennent ligneuses; elles acquièrent jusqu'à un pied de longueur; mais alors elles ne peuvent se soutenir. Elle fleurit en août.

Allium *flavum*. L.

Au bas du Montventoux; il fleurit en août.

Juncus *repens*. Requien.

J. *culmo repente ramosissimo, foliis nodoso-articulatis teretiusculis, panicula decomposita pauciflora, floribus fasciculatis, perigonii laciniis acutis.*

Ce jonc a les tiges longues et rampantes; au-dessus de chaque feuille (et non dans l'aisselle) s'élève une tige garnie de feuilles, longue de deux pouces environ, qui porte une panicule de trois à quatre paquets de fleurs. Ses feuilles sont semblables à celles du J. *sylvaticus*, mais plus courtes. Son port et ses autres caractères le distinguent assez des espèces voisines.

J'ai trouvé ce jonc au bord de la Durance, dans les lieux humides. M. Vigne l'a vu à Cadenet.

Dianthus *hirtus*. Villars. *dauph. tom.* 3. *pag.* 593.

Commun sur les montagnes de Beaumont et de Mirabeau.

Arenaria *ruscifolia*. Poir. *Encycl.* ? *pag.* 365.

A. *caule basi ramoso, erecto, pubescente, foliis ovato-lanceolatis, utrinque acutis, ciliatis, floribus dichotomis subpaniculatis; petalis calyce scabro acuto duplo longioribus*. Réquien.

Cette *arenaria* est peut-être une espèce différente de l'A. *ruscifolia* Poiret, que je ne connois point; mais la description de l'Encyclopédie lui convenant assez, j'ai dû lui laisser ce nom. Elle est annuelle et fleurit en juin. Je l'ai trouvée à Apt et au pied du Montventoux, et je l'ai reçue de la haute Provence.

SEDUM *anopetalon*. Dec. *Voy. Bot. pag.* 80.

Il est commun sur nos collines et sur le Montventoux.

CERASTIUM *laricifolium*. Villars. *dauph. tab.* 48.

C'est le C. *suffruticosum* de la Flore française. Il est très-commun sur le Montventoux.

EUPHORBIA *acuminata*. Lam. *dict.* 2. *pag.* 426.

E. *umbella* 3-5 *fida dichotoma, bracteolis obovatis acutis, foliis inferioribus retusis, superioribus lanceolatis, caule simplici.*

Cette euphorbe diffère de la *falcata*, avec laquelle on l'a confondue, par ses tiges simples, par la forme de ses bractées, par la couleur violette des lobes de l'involucre, par ses cornes moins prononcées, et surtout par ses feuilles et ses bractées non terminées en pointe allongée ; ses semences sont moins profondément striées. Elles croissent ensemble dans les terres à blé. L'*acuminata* fleurit au printemps. La *falcata* paroît en même temps, mais dure jusqu'en automne.

EUPHORBIA *peploides*. Gouan. *rotundifolia*. Lois. *suppl.*

Commune au mois d'avril sur les murailles et dans les terrains secs.

PAPAVER *aurantiacum*. Lois. *sup. pag.* 84.

Ce pavot, décrit par M. Loiseleur-Deslongchamp, d'après les exemplaires que je lui avois envoyé, croît abondamment sur le Montventoux ; ses fleurs sont d'un beau jaune citron et deviennent orangées par la dessication. J'engage M. Loiseleur à changer le nom d'*aurantiacum* qui ne lui convient pas.

PRUNELLA *pinnatifida*. Pers. *syn. pag.* 137.
P. *caule basi ramoso ascendente, foliis inferioribus ovatis, caulinis pinnatifidis hispidis, corolla cærulea. Brunella verbenæ foliis.* Vaill. *tab. V. fig. I.*

M. Maurice Palun a trouvé le premier cette plante au bord de la Sorgue, près de Vaucluse. Je la cultive depuis plusieurs années, et elle n'a point varié. Elle a les fleurs du P. *vulgaris*, et elle diffère de la P. *laciniata* par ses feuilles moins découpées, ses tiges couchées dans le bas, et par la couleur de ses fleurs.

ANTIRRHINUM *latifolium*. Mill. *dict.*
A. *caulibus ascendentibus viscidis, foliis oppositis alternative ovatis pubescentibus, corollis pallide flavis purpureo striatis.*

Cet *antirrhinum*, très-distinct du *ma-*

jus, se trouve à Vaucluse, Lourmarin, Malaucène, etc. dans les fentes de rochers. Miller dit qu'il a les feuilles glabres; le nôtre les a pubescentes.

POLYGALA *exilis*. Dec. *Cat. hort. monsp.* P. *parviflora*. Lois. *suppl.*

Cette jolie plante est annuelle, et fleurit en août et septembre sur les bords de la Durance, près d'Avignon.

TARAXACUM *obovatum*. Dec. *Voy. Bot. pag.* 84.

Cette plante croît sur les côteaux des environs d'Avignon; elle fleurit en avril et mai. Ses feuilles sont tantôt entières, dentées, tantôt découpées profondément à la base; le caractère le plus certain pour la reconnoître s'observe dans les folioles de l'involucre, qui sont terminées en hameçon.

EQUISETUM *ramosum*. Dec. *syn.* 1457*

Cette prêle est très-commune sur les chaussées au bord de la Durance.

Animaux aquatiques de Vaucluse.

Je ne puis donner sur les animaux de Vaucluse qu'une notice très-imparfaite. Ne m'étant point occupé de cette partie de l'Histoire naturelle, j'aurois mieux fait, peut-être, de la passer sous silence.

On trouve dans la Sorgue, près de la source :

LA LOUTRE.

MUSTELLA *lutra*. Linn.
M. *plantis palmatis nudis, cauda corpore dimidio breviore.*

SALAMANDRES.

LACERTA *aquatica*. Linn.
L. *cauda teretiuscula mediocri, pedibus muticis tetradactylis.*

LACERTA *salamandra*. Linn.

L. *cauda teretri brevi, pedibus muticis, palmis tetradactylis, corpore poroso nudo.*

LA TRUITE.

SALMO *trutta*. Linn.

S. *oculis nigris, iridibus brunneis, pinna pectorali punctis* 6.

L'OMBRE.

SALMO *umbla*. Linn.

S. *lineis lateralibus sursum recurvis, cauda bifurca.*

LA LOCHE.

COBITIS *barbatula*. Gmel. *pisc. p.* 1349.

L'ANGUILLE.

MURAENA *anguilla*. Linn.

M. *maxilla inferiore longiore, corpore unicolore.*

PETITE LAMPROYE DES RIVIÈRES.

PETROMYZON *branchialis*. Linn. *edit.* Gmel. *pag.* 1515.

L'ÉCREVISSE.

CANCER *astacus*. Linn.

C. *thorace levi, rostro lateribus dentato : basi utrinque dente unico.*

LE CASTOR.

CASTOR *fiber*. Linn.

C. *cauda ovata plana calva.*

Cet industrieux animal a été tué dans s isles du Rhône, près du confluent de ı Sorgue. Il fut envoyé à M. Delattre, réfet de Vaucluse, qui en enrichit notre lusée, où on le voit très-bien conservé.

Mollusques terrestres et fluviatiles trouvés aux environs de Vaucluse.

Nota. Les noms sont ceux de Draparnaud.

Gastéropodes.

NERITA *fluviatilis.*
CYCLOSTOMA *elegans.*
obtusum.
viviparum.
impurum.
PLANORBIS *vortex.*
carinatus.
ANCYLUS *fluviatilis.*
LIMNAEUS *auricularius.*
stagnalis.
palustris.
minuta.
AURICULA *minima.*
SUCCINEA *amphibia.*
PUPA *antivertigo.*

PUPA *marginata.*
avena.
polyodon.
variabilis.
quadridens.
cinerea.
rugosa.

BULIMUS *radiatus.*
decollatus.
lubricus.
acicula.
acutus.
ventricosus.

HELIX *conoidea.*
conica.
elegans.
rupestris.
fruticum.
variabilis.
rhodostoma.
candidissima.
aspersa.

HELIX *nemoralis.*
vermiculata.
splendida.
hispida.
carthusianella.
cinctella.
lapicida.
cornea.
pulchella.
striata.
ericetorum.
rotundata.
algira.
lucida.
nitida.
TESTACELLA *halyotidea.*
LIMAX *gagates.*
ater.
cinereus.
acephales.
CYCLAS *fontinalis.*
UNIO *pictorum.*

UNIO *littoralis*.

ANODONTA *variabilis*.

Observations.

On ne mange qu'à Vaucluse, du moins chez nous, l'*helix algira*. Il n'en est pas de même de l'*helix vermiculata* et *aspera* qu'on vend dans nos marchés; on y trouve également l'*helix variabilis*, *rhodostoma*, et *ericetorum*, connus du peuple sous le nom de *mourguettes*.

CHAPITRE IX.

Observations météorologiques.

Climat de Vaucluse.

L'AIR des environs de Vaucluse, et principalement celui de la vallée qu'arrose la Sorgue, est un peu moins sec que l'air de la plaine ; il est aussi un peu plus froid : plus le vent N. N. O. domine, plus l'atmosphère est sèche. Le climat y est à très-peu de chose près le même que celui d'Avignon dont je vais donner une idée.

I. *Température de l'air.*

J'ai fait, depuis plus de onze ans, un assez grand nombre d'observations thermométriques au lever du soleil et à 2 heures après midi, pour déterminer avec précision la température moyenne de l'année, que j'ai trouvée pour Avignon de 11,6 (1). Cette température moyenne est le résultat de plus de 7000 observations.

J'ai trouvé la moyenne d'un puits de 16 pieds de profondeur, dans lequel j'ai plongé pendant 10 ans un thermomètre,

---

(1) Dans toutes mes observations, je me suis servi du thermomètre de Réaumur, divisé en 80 degrés de la glace à l'eau bouillante, sous une pression barométrique de 28 pouces. On peut compter sur l'exactitude de mes baromètres et de mes thermomètres parfaitement d'accord avec ceux de l'Observatoire de Paris. Les hauteurs moyennes de ces instrumens n'ont point été prises d'après les *maxima* et les *minima* de leurs élévations ou de leurs abaissemens, mais d'après des observations faites deux fois par jour, additionnées et divisées par leur nombre.

de 10,4. Le maximum de la température du même puits est de 12,2 vers l'équinoxe d'automne, le minimum de 8,5 vers celui de printemps, et le medium de 10,4.

La température moyenne de nos puits d'Avignon est donc moindre de 1,2 degré que celle de l'atmosphère. Ne pourroit-on pas attribuer la cause de cet abaissement au voisinage du Rhône qui, coulant du N. au S., est le plus souvent au-dessous de la température d'Avignon ?

Premi[illegible]able.

Température moyenne pour chaque [illegible]s années 1802, 1803, 1804, 1805, 1806, 1807, 18[illegible]09, 1810 et 1811.

Ans.	Janv.	Févr.	Mars.	Avril.	Mai.	Ju[illegible]	Juill.	Août.	Sept.	Oct.	Nov.	Déc.	Tempér. moyenne des années.
1802	1,7	5,0	7,1	14,4	14,7	[illegible]	19,0	23,2	15,6	13,6	7,6	5,3	11,5
1803	5,7	3,0	9,3	11,1	14,0	[illegible]	20,5	21,5	15,8	10,9	9,0	5,8	12,1
1804	7,6	2,3	8,5	10,3	15,7	[illegible]	18,2	17,6	17,4	11,9	8,6	5,3	11,4
1805	4,2	5,9	8,2	10,3	13,4	[illegible]	19,0	18,3	15,6	11,6	6,6	3,1	11,1
1806	5,5	7,2	7,5	9,0	15,1	[illegible]	19,5	18,5	15,7	12,7	9,2	8,3	11,2
1807	5,7	6,0	5,7	9,5	16,3	[illegible]	20,8	19,6	15,4	14,8	8,4	3,3	12,0
1808	2,9	2,4	6,9	9,5	16,1	[illegible]	20,7	19,2	15,5	9,8	8,7	2,7	10,9
1809	6,5	8,0	8,1	7,0	14,4	[illegible]	17,9	18,2	13,6	11,3	5,2	4,4	10,9
1810	2,3	2,1	10,6	10,7	15,2	[illegible]	18,1	17,8	16,0	13,0	8,4	5,3	11,3
1811	3,1	7,7	10,1	12,5	15,5	[illegible]	20,0	20,0	16,3	14,3	8,6	5,4	12,7

Température moyenne de chaque [illegible] de l'année, d'après 10 ans d'observations.
(De 1802 à 1[illegible] inclusivement.)

Janv.	Févr.	Mars.	Avril.	Mai.	Ju[illegible]	Juill.	Août.	Sept.	Oct.	Nov.	Déc.
4,5	5,0	8,2	10,1	15,0	1[illegible]	19,4	19,4	15,7	12,4	8,0	4,9

Observations sur la première Table.

1.° On voit, d'après cette Table, que la température des deux mois qui suivent le solstice d'hiver ne varie presque pas dans chacun de ces mois, et qu'il en est de même des deux mois qui suivent le solstice d'été; c'est-à-dire, que la température moyenne de janvier et de février, mois les plus froids de l'année qui suivent le solstice d'hiver, est de 4,5 à 5,0 degrés; et celle de juillet et d'août, mois les plus chauds qui suivent le solstice d'été, est de 19,4.

2.° Que la différence moyenne des deux mois les plus froids aux deux mois les plus chauds, est d'environ 14 degrés.

3.° Que la température moyenne d'octobre, de 12,4, est celle qui approche le plus, du moins pour notre climat, de la température moyenne de l'année, qui est ici de 11,6.

Seconde Table.

Variations extrêmes du thermomètre pour chaque mois.
(De 1802 à 1811 inclusivement.)

	Plus grande CHALEUR.		Moindre CHALEUR.	
Mois.	Degrés.	Époques de l'année et des mois.	Degrés.	Époques de l'année et des mois.
Janv.	12,0	1809 le 30	— 8,7	1802 le 17
Févr.	16,0	1807 le 27	— 7,0	1810 le 21
Mars.	17,6	1810 le 14	— 3,0	1804 le 2
Avril.	20,5	1811 le 25	= 0,0	1809 le 6
Mai.	25,5	1803 le 29	+ 5,0	1803 le 29
Juin.	27,5	1806 le 14	+ 9,0	1811 le 20
Juill.	29,5	1806 le 16	+ 11,3	1808 le 7
Août.	30,5	1803 le 6	+ 10,8	1811 le 12
Sept.	26,5	1802 le 2	+ 7,0	1809 le 29
Oct.	21,5	1807 le 4	+ 2,0	1808 le 24
Nov.	16,5	1811 le 3	— 0,7	1809 le 21
Déc.	14,5	1805 le 1	— 6,3	1808 le 22

Observations sur la seconde Table.

La différence entre les variations extrêmes du thermomètre est de 36,8 degrés.

La moyenne de nos plus grands froids observés pendant 10 ans, est de —5,1.

La moyenne de nos plus grandes chaleurs (1), notées pendant 10 ans, est de 28,3.

La plus grande chaleur a été de +30,5 degrés en août, et la moindre de —8,7 en janvier.

---

(1) J'appelle moyenne de nos plus grandes chaleurs ou de nos plus grands froids, l'addition du *maximum* d'élévation ou d'abaissement du thermomètre dans chaque année divisée ensuite par le nombre des années.

Troisième Table.

Différentes températures moyennes calculées pour chaque mois d'après cinq ans d'observations (de 1802 à 1806 inclusivement.)

Mois.	Température moyenne du jour.	Température au lever du soleil.	Température à 2 heures après-midi.	Excès de la plus grande température sur la moindre.
Janv.	4,9	2,8	6,5	3,7
Févr.	4,7	2,9	6,5	3,6
Mars.	8,1	5,0	11,4	4,4
Avril.	10,4	8,2	13,4	5,2
Mai.	14,4	11,4	18,0	6,6
Juin.	18,4	14,1	22,6	8,5
Juill.	19,2	15,0	23,5	8,5
Août.	19,8	16,1	23,5	7,4
Sept.	16,0	12,8	19,3	6,5
Octo.	12,1	9,5	14,8	5,3
Nov.	8,2	6,4	10,0	3,6
Déc.	5,5	4,1	7,1	3,0

Observations sur la troisième Table.

La quatrième colonne à la droite de cette troisième Table, nous démontre :

1.° Que la différence entre la température moyenne du matin, au lever du soleil, et celle de l'après-midi à 2 heures, est d'autant plus grande que cet astre reste plus long-temps sur l'horizon.

2.° Que la plus grande de ces différences moyennes est, avec la plus petite, dans le rapport de 8,5 à 3,0 degrés.

3.° Nous pouvons nous assurer encore très-facilement, au moyen de cette Table, que la température moyenne du matin, prise au lever du soleil, est de 9,0, et celle de 2 heures après-midi, de 14,7.

II. *Pression de l'air.*

La hauteur moyenne du baromètre, observée à la même heure que le thermomètre, est, dans mon cabinet, élevé de 10 toises 5 pieds sur le niveau de la mer, et de 4 sur celui du Rhône, de 28 pouces 1 ligne 7 dixièmes, ce qui me donne pour la hauteur moyenne de cet instrument, au bord de la Méditerranée, 28 p. 2 lignes 5 dixièmes.

Les variations dans le poids de l'atmosphère n'ont rien de particulier sous notre climat; la colonne de mercure est ordinairement plus basse de 0,25 lignes à 2 heures après-midi qu'au lever du soleil. Les variations qui annoncent le beau temps ou la pluie sont les mêmes que partout ailleurs. Lorsque le N. N. O. se fait sentir, le baromètre n'est pas éloigné de sa hauteur moyenne; lorsqu'il souffle avec force, on observe que la colonne de mercure est dans un mouvement continuel d'oscillation.

Table des hauteurs moyennes des plus grandes hauteurs et des plus grands abaissemens du baromètre, pour chaque année, d'après dix ans d'observations.

Années.	Hauteurs moyennes.	Plus grandes hauteurs.	Plus grands abaissemens.
	p. li. dix.	p. li. dix.	p. li. dix.
1802	28·2,1	28·8,2 le 26 janv.	27·1,8 le 11 janv.
1803	28·2,1	28·7,8 le 3 déc.	27·1,0 le 11 janv.
1804	28·1,4	28·6,8 le 20 nov.	27·5,7 le 16 avril.
1805	28·1,6	28·8,2 le 5 nov.	27·2,5 le 2 janv.
1806	28·1,8	28·7,5 le 25 déc.	27·3,2 le 4 nov.
1807	28·1,8	28·6,9 le 7 janv.	27·5,8 le 8 mars.
1808	28·1,7	28·7,1 le 9 janv.	27·4,0 le 23 déc.
1809	28·1,5	28·7,0 le 4 mars.	27·6,4 le 22 janv.
1810	28·1,5	28·7,5 le 6 janv.	27·6,0 le 6 mars.
1811	28·2,0	28·6,8 le 28 mars	27·4,0 le 27 oct.

Hauteur moyenne du baromètre pour chaque mois de l'année, d'après dix ans d'observations.

MOIS de l'année.	HAUTEUR du baromètre.
	pouc. li. dix.
Janvier. . .	28·1,2
Février. . .	28·1,6
Mars. . . .	28·1,2
Avril. . . .	28·0,9
Mai.	28·1,6
Juin. . . .	28·2,7
Juillet. . . .	28·1,9
Août. . . .	28·2,4
Septembre.	28·2,4
Octobre. . .	28·2,0
Novembre.	28·1,4
Décembre. .	28·1,1

On voit, d'après les deux Tables précédentes,

1.° Que la hauteur moyenne du baromètre est moindre dans l'intervalle compris entre l'équinoxe d'automne et celui du printemps.

2.° Que les plus grandes variations de cet instrument ont toujours lieu en hiver, et quoique en été sa hauteur moyenne soit plus grande, ce n'est point dans cette dernière saison que le baromètre atteint sa plus grande hauteur.

3.° Que sa plus grande élévation moyenne a lieu vers le solstice d'été, et son plus grand abaissement vers celui d'hiver.

4.° Que c'est dans le mois de juin que le baromètre se rapproche le plus de sa hauteur moyenne.

5.° Que l'époque de la plus grande chaleur est celle de la plus grande hauteur du mercure dans le baromètre; et l'époque du plus grand froid, celle de son plus grand abaissement.

III. *Vents.*

Le N. N. O., *Circius* de Pline, est le vent dominant dans nos contrées ; il souffle plus long-temps que tous les autres vents ensemble. Aulugelle (1), Sénèque (2),

---

(1) *Nostri namque Galli ventum ex sua terra flantem, quem sævissimum patiuntur Circium appellant, à turbine (opinor) ejus ac vertigine.... Sed quod ait (Phavorinus) ventum qui ex terra Gallia flaret, Circium appellari, Marcus Cato in libro Originum, eum ventum* Cercium *dicit non* Circium. *Nam cum de Hispanis Alpinis scriberet qui citra Iberum colunt, verba hæc posuit :* « *Sed in his regionibus ferrariæ argentifo-* » *dinæ pulcherrimæ. Mons ex sale mero* » *magnus ; quantum demas, tantum adcres-* » *cit. Ventus* Cercius, *cum loquare, buc-* » *cam implet ; armatum hominem, plaus-* » *trum oneratum percellit.* » Aulus Gellius, lib. II. cap. 22.

(2) *Galliam Circius infestat ; cui ædificia*

Pline (1), Diodore de Sicile (2), Strabon (3) en ont parlé. Ce vent est quelquefois si impétueux, qu'il renverse des édi-

---

quassanti, tamen incolæ gratias agunt tanquam salubritatem cœli sui debeant ei. Divus certe Augustus templum illi, cum in Gallia moraretur, et vovit et fecit. Seneq. Quest. natur. lib. V. cap. 17.

(1) *In Narbonensi provincia clarissimus ventorum est Circius, nec ulli violentiâ inferior, Ostiam plerumque recta ligustico mari perferens: idem non modo in reliquis partibus cœli ignotus est, sed ne Viennam quidem, ejusdem provinciæ urbem, attingens, paucis ante limitibus jugi modici occursu tantus ille ventorum coercetur.* Plin. lib. II. cap. 46.

In Narbonensi provincia atque Liguria et parte Etruriæ, contra Circium *serere imperitia existimatur, eumdemque obliquum accipere, providentia. Is namque æstates ibi temperat, sed tanta plerumque violentia, ut auferat tecta.* Plin. lib. XVII. cap. 2.

(2) Ἀπὸ γὰρ θερινῆς δύσεως καὶ ἄρκτου πνεῖν

fices, soulève des toits, et déracine des gros arbres. Il parcourt souvent 50 et quelquefois 80 pieds par seconde. Il souffle

---

εἰώθασιν ἄνεμοι τηλικαύτην ἔχοντες σφοδρότητα καὶ δύναμιν, ὥστε ἀναρπάζειν ἀπὸ τῆς γῆς λίθους χειροπληθιαίους τοῖς μεγέθεσι, καὶ τῶν ψηφίδων ἁδρομερῆ κονιορτόν. καθόλου δὲ καταιγίζοντες λάβρως ἁρπάζουσιν ἀπὸ μὲν τῶν ἀνδρῶν τὰ ὅπλα καὶ τὰς ἐσθῦιτας, ἀπὸ δὲ τῶν ἵππων τοὺς ἀναβάτας.

C'est-à-dire : du côté du couchant d'été et du nord, le vent souffle avec tant d'impétuosité et de force, qu'il soulève des pierres de la grosseur du poing et un nuage de graviers : il est si violent qu'il arrache aux soldats leurs armes et leurs habits, et renverse les cavaliers de leurs chevaux. *Diodor. Bibl. hist. lib. V. pag.* 304.

(3) En parlant de la *Crau*, ou champs d'Hercule, située entre Marseille et les bouches du Rhône, Strabon dit :

Ἅπασα μὲν οὖν καὶ ὑπερκειμένη χώρα, προσήνεμός ἐστι· διαφερόντως δ' εἰς τὸ πεδίον τοῦτο,

plus de la moitié de l'année, et dans toutes les saisons, mais principalement en hiver. Sa durée est ordinairement de 3, 5, 7, 9, 14, et se prolonge quelquefois jusqu'au 21.e jour.

Je crois, d'après les passages que je viens de citer, qu'Astruc se trompe en disant dans ses Mémoires que l'O. N. O. est le *Circius* des Anciens; de même que lors-

---

μελεμβόριον καταιγίζει πνεῦμα βίαιον καὶ φρικῶδες· φασὶ γοῦν σύρεσθαι καὶ κυλινδεῖσθαι τῶν λίθων ἐνίους· καταχλᾶσθαι δὲ τοὺς ἀνθρώπους ἀπὸ τῶν ὀχημάτων, καὶ γυμνοῦσθαι, καὶ ὅπλων, καὶ ἐσθῆτος ἀπὸ τῆς ἐμπνοῆς.

Tout le pays au-dessus de celui-ci est exposé au vent; mais celui du Nord est si horrible et si violent dans cet endroit (la Crau), qu'on assure qu'il ébranle et roule les pierres, renverse les hommes de leurs chars, et leur enlève leurs habits et leurs armes. *Strab. Geograph. lib. IV.*

qu'il dit : « Ce vent est modéré dans le » haut Languedoc, il augmente à mesure » qu'il avance, et il est déjà violent à Car- » cassonne; mais il est d'une violence ex- » trême dans le bas Languedoc, princi- » palement à Narbonne, à Beziers et à » Agde, où il va se perdre dans la mer, » ne s'étendant guère jusqu'à Montpellier » ou à Nismes. »

Il me semble que Pline et Strabon s'expliquent assez clairement pour nous prouver que le vent que les Latins nommoient *Circius* est notre véritable *Bise* ou le N. N. O.

Le vent du N. est ordinairement moins fort, moins froid, et moins sec.

Le N. E. à l'E. et l'E. N. E. soufflent très-rarement. Le N. E. accompagne souvent le lever du soleil en été.

L'E. se fait rarement sentir, mais il n'en est pas de même de l'E. S. E. qui est quelquefois très-violent. Il est cependant moins humide que le S. et le S. E.

Le S. E., le S. S. E., le S. accompagnent souvent la pluie ; ces vents sont chauds et humides.

L'O. S. O., le S. O. sont confondus quelquefois avec une espèce de vent qu'on nomme ici *Traverse*.

On a observé depuis long-temps que pendant un orage plusieurs vents méridionaux souffloient simultanément. Cette circonstance me rappelle la belle description de la tempête que Junon suscita aux Troyens.

Unà Eurus Notusque ruunt, creberque procellis
Africus, et vastos volvunt ad littora fluctus.

Le S. S. O. et le S. E. diffèrent peu d'un vent qui souffle sur la fin du printemps en été, après que le soleil a passé le méridien ; on le nomme ici le *Raou*.

Peut-on parler de l'O. *Zephyrus*, sans que ces jolis vers d'Ovide se présentent à la mémoire :

Ver erat æternum, placidique tepentibus auris
Mulcebant Zephyri natos sine semine flores.

L'O. rafraîchit les soirées de la canicule, vivifie et féconde pour ainsi dire la nature entière. Il se fait sentir dans le printemps ; et dans cette saison, comme le dit Horace :

Frigora mitescunt zephyris.

L'O. N. O. se rapproche de ce dernier et se confond avec lui.

IV. *Pluies.*

Mes observations udometriques faites depuis huit ans, donnent pour la quantité moyenne annuelle de pluie 23 pouc. 0 lig. 6 dix. La moyenne des observations faites à Arles, à Marseille, et à Montpellier, donne pour terme moyen annuel 24 p. 6 lig. 7 dix. Nos pluies, ainsi que dans les pays chauds, sont très-souvent orageuses, subites et abondantes. Il tombe quelquefois dans un jour 3 ou 4 pouces d'eau ; il règne dans d'autres circonstances des sècheresses de plusieurs mois. Il neige rarement, et en très-petite quantité ; nous avons cependant vu quelquefois un pied de neige couvrir plusieurs jours nos campagnes. Sur le Montventoux, qui est dans notre voisinage, il en tombe dans toutes les saisons, et elle y est permanente les deux tiers de l'année.

Quantité d'eau de pluie tombée depuis 1805 *jusqu'en* 1812 *inclusivement.*

Années.	pouc. lig. dix.	Années.	pouc. lig. dix.
1805	18·0,2	1809	22·4,7
1806	27·3,5	1810	28·5,5
1807	21·2,4	1811	22·4,0
1808	28·0,5	1812	16·8,4

La plus grande quantité d'eau de pluie

que j'ai vu tomber à Avignon dans le plus court espace de temps, de 1805 à 1813, a été de 4 pouces 0 lig. 1 dix., le 4 octobre 1806, depuis 10 heures du matin jusqu'à 8 heures du soir.

V. *Brouillards, gelées blanches, grêle, et autres météores.*

Nos brouillards sont ordinairement peu épais; ils ne durent presque jamais une journée entière, et se dissipent à 9 ou 10 heures du matin. Il est très-rare qu'on ne puisse apercevoir un objet à 15 ou 20 pas de distance; ils se manifestent dans toutes les saisons, mais surtout en automne; on les observe quinze ou vingt fois dans l'année. Ce météore nous prive souvent de la récolte des fruits, et diminue quelquefois celle des grains.

Nous avons en hiver et au commencement du printemps de fortes *gelées blanches.*

La *grêle* ravage rarement nos campagnes.

La *foudre* tombe quelquefois sur nos édifices.

L'*électricité atmosphérique* est souvent très-forte.

On voit rarement des *aurores boréales*; mais les *étoiles volantes*, les *traînées* et les *globes de feu*, sont assez communs.

Il est tombé à Apt une *pierre météorique*, du poids de 7 liv. 5 onces, le 8 octobre 1803.

On a ressenti à Vaucluse un *tremblement de terre* dans la nuit du 19 au 20 mars 1812, ainsi qu'à Avignon, Apt, et la partie méridionale de ce Département.

51 heures après, plusieurs édifices très-solides ont été ébranlés à Rome; le 26 du même mois plusieurs églises ont été renversées à Caracas, grande ville de l'Amérique méridionale, où 5000 individus ont été victimes de ce fléau.

Beaumont, village de ce Département, de 1100 âmes de population, éloigné d'environ 10 lieues de Vaucluse, élevé de 187 toises sur le niveau de la mer, est le pays de ces environs qui a le plus souffert des secousses dont il sembloit être le foyer. Elles y ont été très-nombreuses : celle du 19 au 20, et celle du 26 (cette dernière a eu lieu le même jour qu'à Caracas), furent très-vives, puisqu'elles y ont renversé ou grandement endommagé plusieurs édifices bâtis depuis peu de temps. Les secousses ont commencé au milieu de la nuit du 19 au 20 mars, et se sont fait sentir par intervalles plus ou moins longs, à plusieurs reprises et avec plus ou moins de force, jusqu'au 30 mai 1812.

Les *influences de la lumière*, dont l'action est si fortement prononcée sur les corps bruts et inorganiques et sur les végétaux, n'ont point été assez étudiées par les Physiologistes et les Médecins. Si la lumière agit sur les plantes et les minéraux, ne doit-elle pas jouer un grand rôle dans l'économie animale ? Il paroît qu'elle est stimulante et tonique. J'ai observé que l'action des rayons solaires, ou d'une vive lumière sur le corps nu, étoit extrêmement utile dans plusieurs circonstances.

Hauteurs de quelques Villes, Villages, Cols et Montagnes du Département de Vaucluse sur le niveau de la Mer.

J'ai pris ces mesures avec des baromètres très-exacts, pendant que je faisois faire des observations correspondantes à Avignon ou à Carpentras, villes dont je connoissois la hauteur sur le niveau de la mer.

Rhône, hauteur moyenne de ses eaux vis-à-vis d'Avignon. (1)	6T 4P
Orange, ville.	23

(1) Lorsque j'ai dit dans mes *Essais de Médecine*, dans mes *Fragmens d'une Topographie*, et dans mon *Discours sur l'Histoire d'Avignon*, que mon cabinet étoit élevé de 14 toises sur le niveau de la Méditerranée, et le Rhône vis-à-vis d'Avignon de 10 toises dans la hauteur moyenne de ses eaux, je

	Toises.
Rocher d'Avignon, sur le Rhône.	24
Pont de Bollène, sur le Lez.	36
Carpentras, ville.	52

croyois, d'après quelques Physiciens, que la hauteur du baromètre au bord de la mer étoit de 28 pouc. 2 lign. 9 dix.; mais prenant le terme moyen d'un plus grand nombre d'observations, je trouve pour résultat 28 pouc. 2 l. 5 dix. En partant de cette donnée, la hauteur moyenne d'un baromètre élevé de 4 toises 1 pied sur le niveau du Rhône à Avignon étant de 28 pouc. 1 p. 7 dix., j'ai pour différence entre ces deux derniers termes 0,8 lignes, qui me donnent 10 toises 5 pieds pour la hauteur de mon baromètre sur le niveau de la mer : mais mon cabinet se trouvant élevé de 4 toises 1 pied sur les moyennes eaux, j'ai pour leur hauteur vis-à-vis l'ancien pont 6 toises 4 pieds. La pente de Beaucaire à la mer ayant été trouvée par le nivellement de 2 toises 1 pied, celle d'Avignon à Beaucaire ne doit pas être éloignée de 4 toises 3 pieds. Si ce dernier ré-

	Toises.
Bassin de la source de Vaucluse.	56
Côteau de Bédarrides, village.	65
Château de Beaulieu, près d'Uchaud.	66

---

sultat s'éloigne un peu de celui obtenu par Deluc, il se rapproche beaucoup des observations de M. Dhombres, qui, à l'aide d'excellens baromètres, a trouvé la pente du Rhône d'Avignon à la mer de 13,5 mèt. ou 5 toises 5 pieds. Ce dernier physicien a nivelé avec le baromètre une grande partie du Département du Gard; il se propose de mesurer incessamment la hauteur des montagnes de la Lozère et de l'Ardèche. La bonté de ses instrumens et la formule de Laplace rectifiée par Ramond, dont il fait usage, doivent nous convaincre de l'exactitude de ses résultats. Nous devons encore à M. Dhombres une mesure exacte des montagnes de l'Espérou, dont je n'avois donné qu'une évaluation approximative au moyen d'un baromètre ordinaire, et sans observations correspondantes ni corrections thermométriques.

	Toises.
Vaqueyras, village.	67
Carrières à plâtre de Pernes.	91
Malemort.	101
Cairane, village, à la tour des Templiers.	104
Vaison, sur le pont antique.	106
Pertuis, ville.	109
Mormoiron, village, porte de l'Est.	110
Roaix, village, au château.	111
Sablet, village, à l'église.	112
Vaison, auberge de M. Gilly.	113
Visan, village.	115
Apt, ville.	115
Rocher de Vaucluse, sur la source.	116
Villedieu, village.	118
Valréas, ville, à l'église.	133
Seguret.	133
Rastaud, village.	134
La Roque-sur-Pernes, village.	149
Bedouin, village.	155
Venasque, village.	163
Rocher à pic de Vaucluse, son élé-	

	Toises.
vation sur la mer.	172
Malaucène, ville.	174
La Bastidone, village près de Pertuis.	176
Le Baroux, à l'église.	183
Côteau de Porydon, près de Vaison.	183
Beaumont, près de Mirabaud.	187
Vallée de St.-Léger, derrière le Montventoux.	190
Métamis, village.	199
Beaumont, près de Malaucène, au château.	212
Source du Grozeau.	212
Dernières granges de Bedouin, au pied du Montventoux.	260
Savollians, village.	273
Brantes, village.	280
Dernières granges en allant de Beaumont au col du Comte.	320
Montagne de Vaucluse.	336
Vallée de Sault.	378
Sault, ville.	395
St.-Cristol, village.	421

	Tois.	P.
Col des Abeilles, Montventoux.	500	
Col du Comte, Montventoux.	520	
Habitation la plus élevée du Montventoux.	625	
Montagne de Lalence.	685	
Prairies du Montserein, Montventoux.	750	
Montventoux.	1005	5

et seulement de 991 toises 3 pieds d'après le calcul fait au moyen des tables de l'Annuaire du bureau des Longitudes de l'an 1813.

Hauteurs de différens lieux sur le niveau de la Mer.

Quoique les mesures suivantes que j'ai prises dans différens voyages n'appartiennent point à ce Département, j'en fais mention, parce qu'elles m'ont été demandées par plusieurs Savans, et que je ne possède pas un exemplaire des Ouvrages dans lesquels elles ont été consignées. J'ai employé pour ces dernières mesures la méthode de Deluc, mais je n'ai tenu compte des variations thermométriques que dans celles marquées des lettres initiales M. E. qui signifient *mesures exactes.*

Les montagnes sur lesquelles je ne suis pas monté, et dont j'ai jugé la hauteur par approximation, seront désignées par la lettre X.

J'ai déterminé les hauteurs de Lyon, de Grenoble, d'Aubenas, de Genève, de Barcelonette, de Briançon et de St.-Véran, etc. d'après un grand nombre d'observations correspondantes.

	Toises.
Valence. *(Drôme.)*	53
Montélimart. *(Drôme.)*	56
St.-Paul-Trois-Châteaux. *(Drôme.)*	56
Romans. *(Drôme.)*	59
Alais. *(Gard.)*	69
Plus grande hauteur de la route entre Avignon et Remoulin. *(Gard.)*	70
Hauteur moyenne du Rhône, à	

	Toises.
Lyon, sous le pont de la Guillotière. M. E.	79
Tulin. (*Isère.*)	114
Lac du Bourget. (*Mont-Blanc.*)	116
St.-Jean-le-Vieux. (*Ain.*)	118
Grenoble. M. E. (*Isère.*)	120
Turin. (*Pô.*)	122
Chambéry. (*Mont-Blanc.*)	136
Nions. (*Drôme.*)	142
Consolin, près d'Allevard. (*Isère.*)	144
Chichiliane. (*Isère.*)	145
Les Piles, près de Nions. (*Drôme.*)	158
St.-Marcellin. (*Isère.*)	165
Aubenas. M. E. (*Ardèche.*)	166
Molans. (*Drôme.*)	185
Le Buis. (*Drôme.*)	187
Remily. (*Ain.*)	189
Lac de Genève, d'après un grand nombre d'observations. M. E.	190
Gavet. (*Isère.*)	190
Condorcet, aux mines de plomb. (*Drôme.*)	219
Allevard. (*Isère.*)	226
Suse. (*Pô.*)	246
Lac de Nantua. (*Ain.*)	247
Collonge. (*Léman.*)	254
Châtillon, sur la route de Lyon à Genève. (*Ain.*)	260
Laval. (*Isère.*)	308

	Toises.
Serres. M. E. *(Hautes-Alpes.)*	315
Digne. *(Basses-Alpes.)*	321
St.-Auban. M. E. *(Drôme.)*	322
Orpierre. *(Hautes-Alpes.)*	323
Vallée de Laborel. *(Drôme.)*	350
Remolon. *(Hautes-Alpes.)*	354
Gap. M. E. *(Hautes-Alpes.)*	374
Savines, près d'Embrun. *(Hautes-Alpes.)*	393
Pont de Chauffeliers. *(Hautes-Alpes.)*	420
Eglise de Lagarde, près de Gap. *(Hautes-Alpes.)*	434
Chorges. *(Hautes-Alpes.)*	435
Embrun. *(Hautes-Alpes.)*	438
Lamure. *(Isère.)*	442
Galerie principale de la mine de fer d'Allevard. *(Isère.)*	449
St.-Crépin, près Mont-Dauphin. *(Hautes-Alpes.)*	456
Lac de Laffrey. *(Isère.)*	456
Corps. *(Isère.)*	462
La Roche-les-Arnauld. M. E. *(Hautes-Alpes.)*	463
Le Lozet. *(Hautes-Alpes.)*	465
La Briole. *(Hautes-Alpes.)*	477
La Ferrière, près d'Allévard. *(Isère.)*	478
Prabert. *(Isère.)*	479

	Toises.
Les Terrasses, en allant d'Embrun à Barcelonette. *(Basses-Alpes.)*	490
Brutinel. *(Hautes-Alpes.)*	506
Ubaie, torrent, à Molans. *(Basses-Alpes.)*	521
Ubaie, torrent, aux Piles. *(Basses-Alpes.)*	551
La Chapelle en Valgaudemart. *(Hautes-Alpes.)*	555
Barcelonette, sur le bord de l'Ubaie. M. E. *(Basses-Alpes.)*	580
Montagne de Bayard, près de Gap. *(Hautes-Alpes.)*	596
Larochette, près de Gap. *(H.-Alpes.)*	621
Col de Perty, près d'Orpierre. *(Drôme.)*	625
Colmars. M. E. *(Basses-Alpes.)*	628
Lans, village de Loisans. *(Isère.)*	640
Ecu de France, près d'Allevard. *(Isère.)*	654
Ancelles. M. E. *(Hautes-Alpes.)*	655
Briançon. M. E. *(Hautes-Alpes.)*	670
Château du Queiras. *(H.-Alpes.)*	671
Clocher de St.-Ferréol, Oisans. *(Isère.)*	673
Montagne de Lalence. *(Drôme.)*	685
Hameau de la Plaine. *(Isère.)*	700
Clocher d'Ourcière. *(H.-Alpes.)*	715
Cabane de Muret. *(Hautes-Alpes.)*	716

	Toises.
Alos. M. E. *(Basses-Alpes.)*	730
Chamouse, montagne. *(Drôme.)*	731
Granges au-dessus du bois de Loubet, près la Roche-les-Arnauld. *(Hautes-Alpes.)*	733
St.-Paul, près de Barcelonette. *(Basses-Alpes.)*	746
Sereine. *(Basses-Alpes.)*	778
Meyrone, village. *(Basses-Alpes.)*	780
Servières, près Briançon. *(H.-Alpes.)*	793
Molines. *(Hautes-Alpes.)*	829
Certamussa. *(Basses-Alpes.)*	830
Granges de Roanette, près de Gap. *(Hautes-Alpes.)*	832
Vars, village. *(Hautes-Alpes.)*	842
L'Arche. M. E. *(Basses-Alpes.)*	848
Granges d'Hues, Oisans. *(Isère.)*	854
Faudon, montagne près de Gap. *(Hautes-Alpes.)*	860
Fontaine lumineuse, sur la montagne de Ceuse. *(Hautes-Alpes.)*	870
St.-Oulx. M. E. *(Basses-Alpes.)*	886
Anciennes mines de Brandes. *(Isère.)*	888
Fouillouse. *(Basses-Alpes.)*	950
Pied-de-Bure, rocher du Mont-Auroux. *(Hautes-Alpes.)*	975
Maurin. M. E. *(Basses-Alpes.)*	976

Toises.

Dernières habitations de Roanette. *(Basses-Alpes.)* 977

Col de la Coche, montagne. *(Isère.)* 983

Blocs de granit sur du calcaire, entre Ancelle et Ourcière. *(Isère.)* 1000

Ceuse, montagne. *(Hautes-Alpes.)* 1041

Lac de Maurin. *(Basses-Alpes.)* 1047

St.-Véran, village du Queiras. M. E. *(Hautes-Alpes.)* 1047

Cabane d'Autuy, près de Lans, en Oisans. *(Isère.)* 1080

Mine de charbon de pierre de St.-Oulx, à 3 lieues de Barcelonette. M. E. *(Basses-Alpes.)* 1080

Col de Vars. *(Hautes-Alpes.)* 1084

Lacs des sept Laux, près Grenoble. *(Isère.)* 1114

Lac du Plan. *(Isère.)* 1138

Lac d'Alos. M. E. *(Basses-Alpes.)* 1138

Derniers pâturages de Siolane. M. E. *(Hautes-Alpes.)* 1180

Lac du Lausanier, près de l'Arche. *(Basses-Alpes.)* 1181

Col de Servière, près de Briançon. *(Hautes-Alpes.)* 1198

Col entre St.-Oulx et Fouillouse. *(Basses-Alpes.)* 1232

Col entre Ancelle et Ourcière. *(Hautes-Alpes.)* 1249

	Toises.
Prairies du col Longet. M. E. (*Basses-Alpes.*)	1250
Lac le plus élevé de Brandes. (*Isère.*)	1251
Lac le plus élevé du Lausanier. M. E. (*Basses-Alpes.*)	1350
La belle Étoile, montagne près le village de Lans. (*Isère.*)	1390
Col entre Maurin et Laclapière. (*Basses-Alpes.*)	1407
Lac de ce col.	1354
Mont-Auroux, près de Gap. M. E. (*Hautes-Alpes.*)	1434
Col du Lausanier. (*Basses-Alpes.*)	1443
Sommet le plus élevé à côté du col de Servière. (*Hautes-Alpes.*)	1500
Sommet à côté du col de Servière, entre Ancelle et Ourcière. (*Hautes-Alpes.*)	1515
Sommet de Siolane, près de Barcelonette. M. E. (*Basses-Alpes.*)	1516
Sommet du Lausanier. (*B.-Alpes.*)	1516
Col de Lanière, vallée du Queyras. M. E. (*Hautes-Alpes.*)	1665
Mont de Pela. M. E. (*B.-Alpes.*)	1568
Muan de Bellone, montagne avant d'arriver sur l'Ozon. (*Isère.*)	1703
Col de Saix, en Valgaudemart. M. E. (*Hautes-Alpes.*)	1723

26 ..

	Toises.
Laurang, montagne vis-à-vis de la Chapelle, en Valgaudemart. X. *(Hautes-Alpes.)*	1980
Cime remarquable et de très-difficile accès, à la droite du col entre Maurin et Laclapière. M. E. *(Basses-Alpes.)*	2050
Ozon, montagne du Valgaudemart. M. E. *(Hautes-Alpes.)*	2104
Sommet très-remarquable au N. E. du col Lanière. X. *(H.-Alpes.)*	2165

Observations. On voit à l'extrémité du Valgaudemart plusieurs sommets de plus de 2000 toises, qui me paroissent aussi élevés que l'Ozon sur lequel je suis monté.

Température moyenne de quelques puits profonds et de quelques Sources abondantes.

I. Puits.

	Term. de Réaumur.
Température moyenne des puits d'Avignon, élevés d'environ 7 toises sur le niveau de la mer. *(Vaucluse.)*	deg. dix. 10,40
Puits profonds de Paris.	9,60

	deg. dix.
Puits profonds de Montpellier. *(Hérault.)*	11,60
Puits profonds de Nismes. *(Gard.)*	11,60
Puits d'Apt (température moyenne), élevés de 115 toises sur la mer. *(Vaucluse.)*	9,20
Puits du château de la Bastide, à 2 lieues d'Uzès, élevé de 120 toises et de 19 de profondeur. *(Gard.)*	10,9

II. Sources.

Température moyenne de la source de Vaucluse.	10,30
Fontaine de Nismes, élevée de 19 toises sur le niveau de la mer. *(Gard.)*	11,90
Fontaine de Bagnols, élevée de 18 toises sur le niveau de la mer. *(Gard.)*	12,00
Fontaine de Marin, dans le lit du Toulourenc, près de Brantes, élevée de 218 toises. *(Vaucluse.)*	9,00
Fontaine du Grozeau, près de Malaucène, élevée d'environ 200 toises. *(Vaucluse.)*	9,00
Source abondante du Savollians,	

	deg. dix
au N. E. du Montventoux, élevée de 273 toises. *(Vaucluse.)*	8,40
Autre source de Savollians, élevée de 350 toises. *(Vaucluse.)*	7,70
Font Féyole, sur le Montventoux, à 900 toises de hauteur. *(Vaucl.)*	3,60

Observations. Les températures des puits profonds de Paris, de Montpellier, de Nismes, du château de la Bastide, des fontaines de Bagnols, de Marin, du Grozeau, de Savollians, de Féyole sont invariables ; les autres subissent de légères variations.

TABLE.

CHAPITRE IV.

CHAPITRE V.

CHAPITRE VI.

CHAPITRE VII.

CHAPITRE VIII.

CHAPITRE IX.

FIN.

www.ingramcontent.com/pod-product-compliance
Ingram Content Group UK Ltd.
Pitfield, Milton Keynes, MK11 3LW, UK
UKHW020432200726
13857UKWH00002B/392